祖国大日本帝国に反逆する

さとう　ただし

東京図書出版

自分の國が間違った方向に向っている時、
それに抗議するのは愛国であり國への反逆ではない
〔マーク・トエーン（米国）〕

はじめに

ヒトラー、スターリン、「天皇裕仁」は20世紀が生んだ三大侵略者である。ヒトラーとスターリンが死に、ドイツ国民とソビエト国民は二人の呪縛から解放された。しかし、日本国民は未だに「天皇裕仁」の呪縛から解《とき》放《はな》たれていない。

1941（昭和16）年、全世界がヒトラーとスターリンと「天皇裕仁」による侵略戦争で人類史上最悪の危難に直面した。

1941年5月、日本に於ける「ゾルゲ諜報機関」の活動により、第二次世界大戦の動向を平和か戦争拡大かを左右する重大な状況に直面した。ゾルゲ諜報機関は世界情勢を正確に分析し、ヒトラーのソビエト侵攻「バルバロッサ作戦」を繰り返しスターリンに諜報したが、スターリンはヒトラーとポーランドや北欧各国侵略で緊密な相互関係を保っていたために、ゾルゲや尾崎の諜報を二重スパイのデマと独断し、ヒトラーの「バルバロッサ作戦」を拱手傍観し、ソビエト赤軍は戦争初日で壊滅的打撃を受けた。

もしスターリンがゾルゲ機関の諜報に正しく対応していたならば、同年6月22日の時点でナチス・ドイツはソビエト赤軍により大打撃を受け、それによりヒトラーの欧州・北アフリカ制覇の野望は縮小せざるを得なくなり、「天皇裕仁」の「大東亜共栄圏」の野望も形を変えていたであろう。

同年10月、皇祖皇宗の後裔「天皇裕仁」は「ゾルゲ事件」に関与した多数の同志を逮捕し牢獄に投じた。その直ぐ後12月8日、「天皇裕仁」は「アジア太平洋戦争」を開戦し戦火は一挙に全世界に及んだ。

１９４４年11月、開戦後３年で既に日本の敗戦は必至であった。「天皇裕仁」は国防保安法、治安維持法違反でリヒアルド・ゾルゲ、尾崎秀実を巣鴨拘置所で絞首刑にした。宮城与徳は１９４３年８月、獄死していた。もしも、ゾルゲ、尾崎、宮城等があと９カ月、敗戦後まで生きていればと悔やまれる。世界の平和構築の為に不可欠な偉材だったのである。

「ゾルゲ事件」を１９４１（昭和16）年の日本内外の動向に照合し、世界平和の為に命を懸けた「ゾルゲ事件」関係者の献身を称え、戯曲『祖国大日本帝国に反逆する』（四幕六場）を著した。その一方で、ゾルゲや尾崎を絞首刑にし、「アジア太平洋戦争」で無辜の世界人民を殺戮した「天皇裕仁」の戦争責任を訴え、日本国憲法「世襲天皇制」廃止の一日も早からんことを願い、本書『祖国大日本帝国に反逆する』を記した。

「天皇裕仁」の戦争責任追及は、学者である丸山真男先生に劣らぬ論文を学会で発表することではないと考える。虚構の「皇国史観」を幼少から教え込まれた日本人の我々が「アジア太平洋戦争」で蒙った憤怒を語り、後世に「世界平和」を伝えたいからである。

祖国大日本帝国に反逆する【目　次】

第二章 「大日本帝国天皇」による侵略戦争の罪跡 …… 57

第一章

「天皇」とは何か

一、天皇は神聖にして侵すべからず

敗戦後の『朝日新聞』に、編集主幹長谷川如是閑が書いた記事が掲載されていた。それは長谷川如是閑が学習院小学校の授業中に尿意をもよおし、便所に行きたいと思っていると、同級生の昭和天皇が便所に立ってゆくので、天皇の後から自分も行くと便所の扉が少々開いていて天皇がしゃがんで排泄行為をしているのが見えた。如是閑は「天皇は自分と同じ人間なのか」と吃驚した。大日本帝国臣民は「天皇は神聖にして侵すべからず」と憲法で決められていたからである。如是閑は天皇も糞をするとは俺と同じではないのかと思い、それからは他人を恐れることがなくなったという内容であった。私はその記事を読んで長谷川如是閑でさえそうだったのかと得心した。

庶民の子である我々は毎朝、天皇の御真影が飾られている小学校校庭の奉安殿前に直立脱帽し、拝礼してから教室に入った。天皇は皇族、華族、公・侯・伯・子・男の上層階級の頂点に在り、下層の士・農・工・商、更に職業の卑賤に関わる階級差別の遥か上に御座す「現人神」、「スメラミコト」であった。

小学校では教室で生徒一人ひとりが起立し、出生は士農工商の何れであるかを自己申告させられ、父親が商人である私はその度に卑屈な思いにさせられた。いずれは士である少年航空兵になって見返してやると自己に誓った。宮城に御座す「天皇」は新聞の写真で見たが声は聴いたことがない、幻の存在「現人神」であった。私は小学校高学年には純真に「天皇」の為に命を捧げる軍国少年に教化されていた。

天皇が糞をするなど想像もしなかったし、皇祖皇宗の後裔「天皇」は祖先である天照大御神と同じで一切の排泄行為などしない、生きた御神体であると漠然と考えていた。「天皇」が神であるから日本は神国であり、「アジア太平洋戦争」の勝敗を決する時は「天皇」が「神風」を吹かせ、大日本帝国は絶対に米英に負けないと信じていた。

大日本帝国は敗色濃厚になったが「神風」は吹かず惨敗した。挙句の果て、「天皇裕仁」は戦勝国マッカーサー元帥に自分は「神」ではない、人間であると「人間宣言」をした。私は「天皇裕仁」に騙されていたのだと怒り心頭に発した。「天皇裕仁」は焦土と化した日本全国各地を行脚し、偶々甲州街道で路肩に止めさせられた私の乗った小型トラックの横を、「天皇裕仁」の車が擦れ違い、彼は帽子を片手に私にお辞儀をした。私は信じ込まされていた大嘘の「虚像」を剥ぐまでは、この人間を許さないと心に決めた。

「現人神」天皇裕仁が我々と同じ人間であるならば、皇祖皇宗の後裔「天皇裕仁」の「根源」である「アマテラス」も人間であったことになる。皇祖のアマテラスが真の「神」ならば、「天皇裕仁」を生んだ皇祖皇宗の何代目から人間になったというのか。まさか敗戦後「天皇裕仁」から、人に化けたのではあるまい。私を欺いていたのだ。

二、日本人は「オウム」教祖を裁けるのか

「オウム」教祖松本智津夫は只の人間だが信者には「神」である。法の裁きを受けたが教祖松本は「神」の座から人間に降りていない。相変わらず信者には「神」である。「神」が人間に降りたのは「天皇裕仁」だけである。それを再び「神」に祀り上げようと企む者がいるが、当の本人はいかがなものなのか。

教祖松本は信者にサリンを撒かせ無辜の人々を殺傷させた。現人神「天皇裕仁」も支那侵略戦争から「太平洋戦争」敗戦まで、統帥下の日本軍将兵に中国国民をはじめ他国の膨大な人々を殺戮させた。

教祖松本は信者に彼の思想と理論を説き、彼の理論は一般人には理解不能であったが、信者は彼の理論を信じて犯行を行った。

ヒトラーはドイツ民族であるアーリア人種こそが世界を支配するのだと、自己の思想と理論を著述し弁舌し、ユダヤ民族を劣等人種であるとアウシュヴィッツなどの絶滅収容所で大量殺戮し、ジプシーと蔑まれていたロマ民族の人口抑制のために断種さえした。

現人神「天皇裕仁」は「御璽」を押した自筆でない「勅語」はあるが、「太平洋戦争」を宣戦する論理を国民に披瀝したものはない。國の統治者であれば他國と戦争を開始するにあたり、国民に宣戦に至る軋轢の経緯と、戦争に訴える万已むを得ぬ意義を最大限伝えるべく努力するべきである。ところが「天皇裕仁」は1941（昭和16）年12月8日、米国及び英国に宣戦した後に『天佑を保有し万世一系の皇祚を践める大日本帝国天皇は……』から始まる「詔書」、「詔」つまり「天皇命令書」を、国民に下した。しかし、ラジオを聴いても、新聞を読んでも全文を理解できた者は、日本人で一人もいない内容の「詔」であった。この解読困難な「詔書」以外に「天皇裕仁」がどのような論理的思考で「アジア太平洋戦争」を宣戦したのか判るものはない。ヒトラーの如き老巧な弁舌は勿論ない。全くおかしな話であるが、「天皇裕仁」に戦いを宣せられた米国、英国、中華民国では「詔書」が正しく翻訳できたのであろうか。

ただ一つ、「アジア太平洋戦争」を宣戦する意志表明として受け取れるところがある。それは「中華民国政府曩《さき》に帝国の真意を解せず、濫に事を構えて東亜の平和を攪乱し遂に帝国をして干戈を執るに至らしめ、茲に四年有余を経たり……重慶に残存する政権は、米英の庇蔭を恃みて、兄弟尚未だ牆《かき》に相鬩《せめ》ぐを悛《あらた》めず。米英両国は残存政権を支援して、東亜の禍乱を助長し、平和の美名に匿れて、東洋制覇の非望を逞うせんとす……帝国の周辺に於て、武備を増強して我に挑戦し、更に帝国の平和的通商に有らゆる妨害を与へ、遂に経済断交を敢えてし、帝国の生存に重大なる脅威を加ふ。朕は政府をして事態を平和の裡に回復せしめんとし、隠忍久しきに彌りたるも、彼は毫も交譲の精神なく……」と書かれた部分だけである。

「アジア太平洋戦争」開始前、1937（昭和12）年9月、天皇隷属総理大臣近衛文麿は「我々の不拡大方針が支那政府の無誠意に依りまして、顧みられず、北支事変が遂に支那事変となり、支那の排日分子に対して、全面的且つ積極的なる膺懲を必要とするに至りました……」と演説した。大元帥陛下の部下陸軍大臣杉山元は「日支両国が、この事変を最後としてかかる不幸なる事態を再び醸し出すことなからしめんとするのが、今回のわが武力行使の根本の目的でありますから、真に支那政府がこの點に思ひを致さぬ限り、事変は決して終局を告げないのであります。又仮令支那政府がこの點に目覚めたとしても、従来の悪因縁を有する列國がこれを邪魔しないとも限らないので有りまして、かかる場合には、それらの国を相手として一大決意を為さねばならぬやも計り難いのであります。」（大日本雄弁会講談社『雄弁新年特大号第一附録』１９３８年1月発刊）と演説している。

「天皇裕仁」の詔書と近衛文麿、杉山元の思考から読みとれるのは「天皇裕仁」は「中華民国政府が東亜の平和を攪乱した」と考え戦争を開始したということである。しかし、当時の中華民国は国民党の左派と右派の内戦状態であったが、日本の「天皇裕仁」に関わりはない。彼等の論理は「オウム」教祖松本の論理同様に通常の人間には理解できない。

１９３４（昭和９）年2月、国際連盟主催「ジュネーヴ軍縮会議」提案の『侵略の定義に関する条約』第2条で「次の行為の一を最初に行なった國は、紛争当事国間に実施中の協定の留保の下に、国際紛争における侵略者として認められる。⑴他の一国に対する開戦の宣言、⑵開戦の宣言がなくても、右の國の兵力による他の一國の領域への侵入」と定義されていた。それは１９７４年国際連合決議『侵略の定義に関する決議』に承継された。

大日本帝国が「国際紛争における侵略者」であったことは明らかである。また、大日本帝国憲法第1条で「大日本帝国は万世一系の天皇之を統治す」とされ「天皇裕仁」が侵略者の張本人であったことは明白である。

「天皇裕仁」の思想と論理はヒトラーと同じく、国際法上の「侵略者」であると看做すほかない。ヒトラーも「天皇裕仁」も近隣諸民族に対して優位思想の持ち主であり、その思想が他民族の大量殺戮を当然の如く行ったのだ。「オウム」教祖松本が無辜の人々を殺傷させたサリン事件と何処が違うというのか。

三、ヒトラー・スターリン・「天皇裕仁」に共通するのは神聖絶対優位者の思考である

「オウム真理教」、「ナチズム」、「天照大御神教」、いずれを信仰するかは個人の自由である。しかし「信仰」であるからと人道に反する行為は許されない。日本人も人間である以上一人ひとりが、悪に加担すれば責任をとらねばならない。「アジア太平洋戦争」の罪悪が曖昧に消え去るのを待つ、真理追究心の足りない我々日本人の思想では、「オウム真理教」教祖松本を裁けない。

１９０３（明治36）年日露戦争開戦前の熱狂する日本で、幸徳秋水らは「個人は喧嘩すべからず、国家は喧嘩すべからず、個人は強奪すべからず、国家は強奪すべからず、奇なる哉、今の開戦論者の論理、個人に在りて最大の罪悪は、国家に在りて最上の美事とな

す」と、子供にも判るように反戦平和の意志を『平民新聞』に発表した。時代に反逆した幸徳秋水ら先覚者の勇気を、日本人一人ひとりの大人が持っていれば、日本国統治者「天皇」が他国に宣戦しようが無謀な戦争は無かったのだ。

四、日本人は「日本建国神話」が「真実」なのか「虚構」なのかを追究すべきだ

日本國民は「高天原《タカマガハラ》という天の國に、最初に現れた天御中主《アメノミナカヌシ》の何代目か後に伊耶那岐《イザナギ》命と伊耶那美《イザナミ》命の陰陽二神が出現し、日本列島の島々を生んだあと天照《アマテラス》大御神と建速須佐《スサ》之男《ノオ》命を生み、アマテラスが『天孫降臨』として孫の邇邇藝命《ニニギノミコト》を日本に遣わし、その6代目が神武天皇として即位し、その万世一系の末孫が明治天皇であり、その孫が天皇裕仁である。だから日本皇室の正統な帝は天孫降臨の時に天照大御神から授けられた鏡・剣・玉の三種の神器を所持している」という、『古事記』を基にした「日本建国神話」を日本国の歴史として学校教育法第21条3項「我が國と郷土の現状と歴史について正しい理解に

導き、伝統と文化を尊重し」云々と、義務教育で教えられた。

645年の「大化の改新」の後、712年に『古事記』は太安萬侶が4カ月かけ〝日本文字〟でない中国の「漢字」で書いたといわれ、続く720年に『日本書紀』は舎人親王等が38年かけ書いたという。600～700年頃は、592年に第32代崇峻天皇が同族の蘇我馬子に暗殺されたり、豪族物部氏と蘇我氏やその氏の皇太子同士の天皇位争奪など、大和政権の権力争いが激しい時代であった。

『古事記』上巻は「天照大御神《アマテラス》の孫、邇邇藝命《ニニギノミコト》を高千穂に降臨させ、その何代目かの孫が神武天皇になる」までの「神代話」である。その「神代話」が驚くべきことに、明治政権樹立後150年、その間に「アジア太平洋戦争」敗戦という日本国体改革期がありながら、「天皇制度」を日本国国体の根幹とし継承させてきたのである。

火星探査機が火星の岩石映像を地球に送る現代においても、「天孫降臨は作り話で万世一系など真実の事ではない」と口外すれば、「天皇は神聖にして侵すべからず」と、未だに不敬罪の影が忍び寄り刑務所に収監されるか、極右の襲撃で命を落としかねない。日本の「天皇世襲制度」は日本国国体の基本となっているのである。

『古事記』が書かれた712年、海を隔てた中国は唐の時代であり万里の長城を築いた秦帝国からでも1000年も経っている。万世一系の皇祖「神武天皇」は紀元前711年に生誕した。つまり、天国から万世一系「天皇」の皇祖が高天原に降臨したのである。そこから日本国が始まったのであり、いかに日本が世界諸国に遅れた国であったかが明らかになる。

日本がアマテラスが岩屋に出入りしていた神様の時代、海外諸国は幾百万年前から人類の時代であり、『古事記』に書かれたアマテラスより古い神様である「天御中主《アメノミナカヌシ》」の遥か以前に、エジプトでは幾つものピラミッドが、中国では万里の長城が建造されていた。天皇の「皇祖降臨」の頃、イタリアではローマ都市が建設され、中国は周時代で青銅文明が栄えていた。

万世一系「天皇」の皇祖「神武天皇」が天国から高天原に降臨した時、そこに「神武天皇」とその近親以外に人間は居なかったのか。「居た」とすれば、その者達は神武天皇より遥か昔、人類の歴史400万年以来生存を続けてきた人間であり「神様」ではない。「万世一系」どころか幾百万年以前から人類として生存していたのである。紀元前711年より始まった「万世一系」天皇などただの一種族に過ぎない。天皇の「皇祖」神武天皇は紀元前585年に没し、126年間生存していたのであるから、「高天原」以外の日本国は「天皇」近親以外の種族が生存し縄文土器・石器文明が栄えていたのではないのか。日本の「石器時代・縄文時代」とアマテラスの「神代時代」とどのように関わるのか、日本歴史教授・歴史専門家は明らかにして頂きたい。

「伊耶那岐命が禊を行い、左目を洗ったときに天照大御神が、鼻を洗ったときに建速須佐之男命が産まれた」など、子供の頭でも「作り話」としか考えられない。しかし、日本の学校では「日本建国神話」を「作り話」だと言う先生はおらず、のうのうと「歴史学者」は妻子と生計を立てているから、凡人の子供は『古事記』の「日本建国神話」も「万世一系天皇」も本当の事だと思わざるを得ない。

しかし、子供の頭でも超自然現象の謎は解けずに残る。天照大御神の孫邇邇藝命までは御神体であるのに、どこから急に神武天皇が現れ、霊体である神様が「万世一系」を証明する現物「三種の神器」を授けられたのか。その現物は今も千代田区の天皇住居に現存するという。

「三種の神器が現存すること」は科学的に証明不可能な超自然現象である。少しでも学問を志すならば、現物を見る探究心を養うべきだ。その意志がない生物・科学・天文学・歴史学の勉強など無意味であり、試験問題の点数とりに終わってしまう。もし探究心があるならば疑問は深まり、二重人格でもない限り頭は混乱する。「日本国国体」の根源問題になると疑問は深まり思考力は一挙に衰退してしまう。日本人で本物の学者が育たないのは「日本建国神話」の所為ではないかと思う。

五、李大韓民国大統領の「天皇訪韓なら心から謝罪を」は当然すぎる言葉である

２０１２年8月14日、韓国で日本の植民地支配からの解放を祝う「光復節」前日、韓国李明博大統領は「天皇は韓国訪問を望んでいるが、独立運動で亡くなられた人達に心から謝罪するならば、訪韓を受け入れる」、「痛惜の念という言葉だけをもって来る必要はない」と、韓国人として半世紀隠忍し我慢に我慢を重ねてきた想いを口にした。それも極めて遠慮した発言であった。その言を「日本国天皇」を侮辱したと騒ぐ日本人がいる。日本は呆れる程馬鹿者が多いと世界の国民は笑っているであろう。

明治から敗戦まで35年間、日本国民が韓国民族に植民地支配されていたと、立場を代えて考えてみよ。韓国人の下で日本人が重労働に従事させられ、少しでも反抗すれば犬の如く殺され、自分の姉妹や母は韓国軍慰安婦に強制徴用され、人道上許せない侮辱を受けた。國の富や埋蔵文化財まであらゆる国富は韓国人に奪い去られた。日本人は韓国人から受けたあらゆる困苦にただ耐えるだけであった。それが「敗戦」に因って韓国人支配から日本人が解放され、韓国から独立した。しかし、日本人が受けた罪悪に対し、半世紀以上経っ

ても韓国から正式な謝罪が何もない。韓国軍従軍慰安婦にされた姉妹や母親は、謝罪せよと要求したが韓国から謝罪の言葉も無い。そうであったら、日本人は黙っているのか。

韓国と北朝鮮は１９１０年８月より１９４５年８月まで35年間、全国土と全国民を天皇を頂点とする日本帝国に植民地支配された。独立運動で殺傷された志士のみでなく、炭坑労働などあらゆる困苦な労働に従事させられ、反抗すれば殺され、天皇の松代大本営建設にも朝鮮人労働者延べ25万４０００人が従事させられ、機密上殺されたのではないのか。米英蘭の敵国捕虜収容所監視軍属に徴用され、戦後日本軍戦争犯罪者として処刑された韓国人の方々さえいる。女性は強制徴用され日本軍慰安婦にさせられた。

六、日本国の「学者・専門家・大学教授」の本質と正体

断っておくが、『古事記』が書かれた古代のことではない。２０１２年9月8日、国際政治学者・東京大学名誉教授・国際基督教大学平和研究所顧問である坂本義和氏が「李大統領が、天皇の具体的な謝罪行為まで求める発言をしたのは明らかに失言である。日本の

戦争責任を日本のふつうの国民以上に痛感している点で、私も敬愛を惜しまない現天皇について、あまりにも無知であり、恥ずべきである」と『東京新聞』に寄稿した。

「国際政治学者・大学名誉教授」と称する坂本氏は、現天皇が「日本の戦争責任を日本のふつうの国民以上に痛感している」と言う。何を根拠に父親「天皇裕仁」の「アジア太平洋戦争の責任をふつうの国民以上に痛感している」と言うのか、「ふつうの国民」である小生には理解できない。坂本氏の美辞は所謂日本の「学者」の言で「天皇」権力におもねる麗句でないのか。そうでないならば「敬愛を惜しまない現天皇」に直言し、全世界に対し遅れに遅れた謝罪を、肉声なり自筆の文書で示させるべきである。それが遅れたからこそ、大韓民国大統領の極めて遠回しな発言が出てきたのだ。

李大統領は「現天皇」が「（韓国）独立運動で亡くなられた人達に心から謝罪するならば」、韓国訪問を受けると言われた。私は韓国「独立運動」の志士達が、天皇の憲兵に捕縛され残酷な拷問を受け、絞首刑で殺された「大連」監獄の絞首刑台と死刑執行直前に閉じ込められた室を視て来た。

李大統領は日本国民の感情を考慮して「亡くなられた人」と表現したが、韓国独立運動の安重根志士達は「殺された」のだ。日々拷問され挙句の果てに、両手を後ろに縛られ頭に袋を被せられ、絞首刑台に立たされ、首にロープを掛けられ、踏み板が外され、直下の円形の樽に落とされ絞首刑にされたのだ。その死骸の樽に蓋をされ、処刑前の韓国の同志に担がれ、同志達が掘らされた監獄裏山の穴に埋められたのである。

現天皇が「天皇」を世襲したのは1989年であり、現天皇は既に55歳の成人男子であった。父親「天皇裕仁」が起こした「アジア太平洋戦争」について、「国際基督教大学平和研究所顧問」坂本義和氏が言うように「日本の戦争責任を日本のふつうの国民以上に痛感」していたのであれば、父親の戦争責任に無関心であったとは考えられない。父親は全世界の膨大な戦争犠牲者とそのご親族に謝罪もせず死に、現天皇は「天皇」位を世襲し、憲法で日本国「象徴」と定められたのであるから、世襲直後に全世界に父親の戦争責任を心から陳謝すべきであった。

それを30年間も怠けていたため、日本人は今もって世界各国から非難を受け侮蔑されているのである。父親の罪悪を謝罪できない成人男子は、「大学名誉教授」坂本氏の言を借りれば「あまりにも無知であり」、それを『象徴』としなければならない日本人は世界の恥である。

現天皇の父親「天皇裕仁」が大東亜共栄圏の覇権を拡大する侵略戦争を起こし、直系部下の関東軍司令部参謀第三課兵站担当原善四郎中佐のもとで、「天皇裕仁」が命令した「関東軍特別大演習」の作戦動員計画書に兵70万に慰安婦2万（兵員35人に対し慰安婦一人）の数が弾き出され、大韓民国や北朝鮮の婦女子を強要拉致し、「天皇裕仁」の軍隊が従軍慰安婦として陵辱したのである。

大韓民国李大統領が日本の恥部を世界に曝す「従軍慰安婦問題」に直接触れず、遠回しに「独立運動で亡くなられた人達に心から謝罪するならば」現天皇の訪韓を受け入れるが、「痛惜の念という言葉だけをもって来る」のであれば「必要はない」の発言は、あまりにも当然の言である。

そのことが日本の「国際政治学者・大学名誉教授」坂本義和氏の頭脳では、李大統領が「あまりにも無知であり、恥ずべき」人間になるのだ。

このような頭脳構造の「学者・専門家・大学教授」であればこそ、『古事記』上巻の「日本建国神話」は「真実」であり、アマテラスから天授された「三種の神器」も「敬愛を惜しまない現天皇」がお持ちになっていると、学生に教えられるのである。日本での所謂「学者・専門家・大学教授」の実態が、学識の多寡でなく貰うエサの多少であることが、「福島原発事故」で国民の前に明らかになったが、このような「大学教授」に教えを受け優秀と認められる学生が、将来の日本国を担うのかと考えれば暗澹たる心境になる。

大韓民国李大統領は大韓民国国民が選挙で選出した大韓民国国民の代表である。日本国『現天皇』は日本国民に選挙で選ばれたのではない、北朝鮮同様の「世襲」位である。憲法で「日本国の象徴」と記されているが、日本国『現天皇』がアメリカ合衆国大統領と同格・同質であると、「国際政治学者」坂本義和氏は考えるのだろうか。そうであれば「国際政治学者」の肩書きはやめるべきである。

世界では、日本国『現天皇』をわれわれ日本国民が北朝鮮世襲3代目「金正恩」氏を視るのと同様に捉えている筈である。それに引き換え大韓民国李大統領はアメリカ合衆国大統領と同格・同質なのだ。「国際政治学者」坂本義和氏は大韓民国国民に対し、貴方がたは「あまりにも無知であり、恥ずべきである」と言ったのである。「あまりにも無知であり、恥ずべきである」のは、坂本氏と、世襲位を継承し20年以上経っても謝罪もせずに黙り込んでいる『現天皇』、それと日本人なのだ。

忘れ易い日本人の為に中国人は、大元帥天皇の部下日本軍憲兵が韓国独立運動志士を処刑にした大連監獄を現存し、証拠隠滅のため天皇の軍隊が爆破したハルピン郊外の「731部隊跡」を保存している。その現場に立てば、大韓民国国民や中国国民が自国を「植民地とし侵略した天皇」を、憲法で「国民統合の象徴」としている日本国民がどのような人種なのか、考えている「本心」が理解できるだろう。まして「天皇裕仁」の軍隊に陵辱された「従軍慰安婦」の親族であれば、「天皇裕仁」は絶対に許せない人間ではないのか。

七、肝心なことを曖昧にしている日本人の性格は「日本建国神話」から生じた

神武天皇が生誕したのは紀元前711年である。では天孫降臨の際に邇邇藝命《ニニギノミコト》が授かり神武天皇が万世一系の証しとして受け継ぎ、現天皇が「天皇位」の証しとして所持している天叢雲剣《あめのむらくものつるぎ》、八咫鏡《やたのかがみ》、八尺瓊勾玉《やさかにのまがたま》は、紀元前何年に「日本国建国前の神國」で何神様が造ったのだろうか。日本の「専門家・大学教授」に尋ねたい。

現物を受け継いできた天皇家からの発表も、「形代（コピー）」は在ると言うが現物の写真は無い。果たして天皇以外に現物を見た者がいるだろうか、百科事典「ウィキペディア」には「実物については祭主たる天皇自身も実見を許されない」と記されている。それが事実ならば「三種の神器」存在の真贋に関わるし、「天皇制」存廃、日本国憲法、日本国存立の根幹が問われる。

アメリカ合衆国大統領選挙の票決が全く出鱈目であったこと以上の重大事である。かくあるように、肝心なことを曖昧にし、自分は「見猿、聞か猿、言わ猿」の立場をとる日本人の性格は、「日本建国神話」から生じたと考えられる。

日本の「歴史専門家」は自然科学や天文学はさておき、人類発生以来400万年の歴史も知らぬ、単に神武天皇生誕の紀元前711年以後からの「専門家」なのか。だから日本の著名な「古代史研究家」は自分で器物を土中に埋めなければならなくなったのであろう。

それにしても、「日本建国」の神はキリストやマホメットや釈迦や孔子などのように、人類生存の意義を解き明かす立派な神仏ではない。「記紀」の神は、天御中主、天照大御神、建速須佐之男命など性格も行状もあまり良くない。教義は不明であり自己本位の神である。キリストやマホメットや釈迦に並ぶ神仏を「天皇」に換わる「皇祖」にしていれば、日本人の人格人品は隣国を侵略して覇権を拡げようとする卑しい民族にならなかったのではないのか。

大人になって知ったが、隣国人「張龍鶴」著『虚構の国日本』に『日本人は日本建国の作り事が真実なのか虚構なのか、一度ぐらいは疑ってみる必要があろう』と記されていた。

未だに日本人は時の権力に抵抗し真実を究明する勇気も見識もない。だから、他民族からは日本人の意識構造が「虚構」を平気で受け入れ、「真理」に対して適当で、宗教心も思想も粗略な民族と思われている。

八、ヒロシマ被爆国国民はフクシマの現実に目をつぶり事実が消えるのを待っている

日本人は福島原発事故という、地球上に生存するものに、自分一世どころか幾万年も危害を及ぼす重大事故を起こしたにもかかわらず、「福島原発事故」責任者の政府や東京電力に真実を追及せず、「天皇裕仁」による「アジア太平洋戦争」の戦争責任を曖昧にしたように、「フクシマ」放射能汚染に対しても現実が消滅することを何もせず待っている。それのみか、セシウム137（半減期約30年）換算で、ヒロシマ原爆の168・5個分の放射性物質を放出した「フクシマ原発」の処理も決めずに、「大飯原発再開」を決めた国民なのである。

日本国民がぼやぼやしているうちに、『東京電力国有化』で事故責任も事故処理費用も国民に転嫁されてしまった。「フクシマ」原発事故責任を国民に負わせる理屈などない。過失責任は旧称「関東配電」以来の「東京電力」最大株主「天皇家」と東京電力勝俣会長（事故当時）以下役員、並びに原発政策を薦め巨額の利権を得た政府・政党・専門学者全員が負うべきである。

事故責任を転嫁されたのは、国民が同胞である福島県の原発事故被害者の困窮状況を他人事と眺めているからである。未だに国民は「見ざる聞かざる」の立場で、放射能汚染の現実から身を遠ざけ忘却し、そのうちに事実が消滅するだろうと心当てにしている。

そうはいかない。メルトダウン原発廃炉は勿論、放射能汚染水数十万トンも、放射能汚染瓦礫や土砂も、廃棄場所も決まらぬ膨大な使用済核燃料も、具体的処理方法は日本といわず世界中で未だに決まっていない。

世界は当事者日本人にフクシマ放射能汚染問題を任せているが、東電幹部も総理大臣も政治家も事故責任には当たらず触らず、当面は口先だけで誤魔化せると腹積りしている。当の日本人は自分で起こした「アジア太平洋戦争」の戦争責任同様、世界に対し何も責任を感じていない。

九、「フクシマ」原発事故処理は誰がやるのか

1986年4月、今から32年前、チェルノブイリ原発事故で住民11万6000人が即時

に強制退避、40万人が移住を余儀なくされ、60万〜80万人が事故後の処理に従事した先例はある。しかし、「フクシマ事故処理方法」は7年経っても具体的な手だては何も決まっていない。

決まったとしても誰がやるのか。事故原子炉で労働に従事した者は1時間程度で猛烈な放射能被曝で死ぬ。3月11日以後、事故責任者東京電力幹部は現場から逃げ、代わりに暴力団業者を使い〝高賃金〟を餌に失業労働者を誘い恐喝して働かせ、従事者は一定被曝量を超えると失業するのを恐れ、業者の言いなりに被曝量を誤魔化し、それでも被曝量が超過すると解雇にして下請労働者を次から次に使い捨ててきたのだ。東京電力はそれ以外の方法を考えていない。

総理大臣、閣僚、国会議員、電力会社社会長以下役員が率先して放射能を浴び、事故原子炉で労働する気持ちがなければ事故処理は進む筈がない。

東京電力は事故直後は10年と言い、今は「40年」と空計算をしているが、40年で数十万人の労働者の命と引き換えに原発廃炉の石棺に蓋をし、数十万トンの膨大な放射能汚染水を浄化することなど出来ない。「40年」で出来るとは誰も思ってもいまい。「2012年2月、福島原発2号機格納容器に穴を開け内視鏡で放射線量を調べたが、人間が6分で死亡する放射線量、毎時約7万3000ミリシーベルトもあり、内視鏡ですら十数時間でぼろぼろに使いものにならなくなった」と新聞報道された。

「フクシマ」放射線量は１００年、１０００年経ってもゼロにはならない。再開により第二第三の原発事故は必ず起きる。

十、カミカゼ特攻隊、原爆、空襲、沖縄戦、原発事故、この国では犬死にだ

今考えてみよう。日本人の記憶の片隅に「明治天皇」の為に日露戦争で戦死戦傷した「23万８６６６人」（帝国書院「戦争別死傷者数」）の同胞将兵の無念が、僅かでも痛ましいと想われているだろうか。天皇臨席のもと「アジア太平洋戦争」で亡くなられた方々の「戦没者追悼式」も60年以上繰り返されてきた。その度に「アジア諸国の人々に多大の損害と苦痛を与え、深く反省する」と式典主催者は「戦没者」に誓ってきた。

しかし、天皇以下日本人の誓いはその日だけの誓約である。天皇以下日本人にはそのいい加減な偽善者の本質を変える気持ちが無い。であれば「フクシマ」原発はそのまま放置

すればよい。幾百万年、「原発事故糾明責任」が日本人に課せられるからだ。「原発再開」で必ず新たな「フクシマ」が発生する。その時、東京電力最大株主も電力会社役員も原発推進で儲けた者も海外に逃亡するだろう。取り残された「その他の者」は、「フクシマ」原発数十キロ圏内に今も放置されている同胞同様になる。

100年後でも「フクシマ」廃炉処理は終了しない。もし「天皇の為に」戦場で死んだのと同様、「フクシマ」事故処理で死んでも犬死にだ。「天皇裕仁」の為に敵空母に突っ込んでいった特攻将兵の死も、塹壕を真っ先に飛び出して「護国の為」に身を投げ捨てた若者の死も、日本社会の自由平等の未来を信じ黙秘をつづけ特高の拷問で死んだ青年の死も、今、日本人の誰が記憶にとどめているだろうか。

「アジア太平洋戦争」の犠牲者は天皇が参拝する「戦没者追悼式」の「戦没者」だけではない。「戦没者」とは戦争、軍事行動で亡くなられた将兵だけを意味する。その他の沖縄玉砕戦や空襲による民間人犠牲者数十万人の霊は、天皇も日本政府も放置している。旧軍人・軍属とその遺族には恩給や遺族年金などが戦後約52兆円支給されてきた。しかし、他の戦争犠牲者には70年以上経っても未だに謝罪も保障も無い。それどころか、「軍人恩給・遺族年金」として52兆円、税金で1人52万円を負担されてきたのだ。福島原発事故処理費が、家庭電力費値上げとして国民負担となったのと同じやり口である。

隣国韓国の従軍慰安婦や御遺族に対してもそうである。「従軍慰安婦」問題は日本軍大元帥「天皇」の恥だけでなく、日本国政府、日本国民の恥である。このままでは日本の子供達が「従軍慰安婦」問題を負わされ、世界に顔向けできないことを「天皇裕仁」の一族は知るべきである。

「昭和天皇」の戦争責任である「戦没者」の追悼式は中止し、12月8日を「日本敗戦記念日」とし、日本国だけではなく、全世界に向け「アジア太平洋戦争」の犠牲者である日本軍将兵230万人、日本人民間人80万人の3百数十万人、それを遥かに上回る中国を始め連合国軍将兵、その他各国犠牲者の計1千数百万人の戦争犠牲者の霊に、「二度と侵略戦争の過ちを犯しません」と「天皇」が臨席し誓約すべきなのだ。

十一、「ヒロシマ・ナガサキ」の責任をアメリカに転嫁してきた日本人

ドイツでは「福島原発事故」後、直ちに「原発廃止」政策に切り替えた。しかし当事国

日本政府は「他国からの同情援助」を誇大広告し、津波・震災・原発事故で「地球を放射能汚染した日本」を、「津波・震災・原発被害国」に偽装し「原発再開」に踏み出した。これは「アジア太平洋戦争」の「加害国日本」を「原爆被爆国」に、恰も「戦争被害国」であるかの如く変身させた手口と同類である。

１９４５年８月の「ヒロシマ・ナガサキ」原爆の責任を負わなければならないのはアメリカ合衆国大統領ではない。１９４１年12月、真珠湾攻撃でアメリカに侵略戦争を宣戦した大日本帝国天皇である。

宣戦３年後には、頼みの聯合艦隊全艦艇は撃沈され、全国都市はＢ29空襲で廃墟のような惨憺たる状態になり、１９４５年４月にはヒトラーはドイツ敗戦で自決、同年５月にはＢ29空襲で宮城まで焼失し、６月には日本軍指導部と全閣僚は日本軍の戦争継続は困難と自認していた。７月にはアメリカ・イギリス・中国は「日本国に対し最後の打撃を加える態勢を整えた」と、日本に「ポツダム宣言」を通告し「日本国軍隊の無条件降伏」を迫った。しかし「大東亜戦争」を宣戦した当人「天皇裕仁」は「ポツダム宣言」を拒否した。

自分が逃げ込む、鉄筋コンクリート１メートル、砂１メートル、鉄筋コンクリート１メートル、計３メートルで囲われた50トン爆弾にも耐えられる皇居の「大本営防空壕」も危険になったと、「本土防衛総司令官」東久邇宮大将と共に、国民はＢ29の空爆下に置き去りに「三種の神器」を抱え、長野県「松代大本営」地下壕へ逃避し、既定方針の「本土決戦」で日本全土を沖縄同様の玉砕戦場にしようとしていた。

原爆投下がなく、「天皇」と本土防衛総司令官「東久邇宮」の「松代大本営」の命令で「本土決戦」が行われていたならば、「天皇」と三種の神器は松代地下壕に残ったであろうが、膨大な日本国民と日本軍将兵、連合国軍将兵が死ななければならなかった。他国に宣戦、終戦する権能は天皇以外にはない。通常の判断能力を失った「天皇裕仁」の狂気を醒ますには、原爆以外にはないとアメリカは判断したのである。既に日本の敗戦は確定的であった。「アジア太平洋戦争」を宣戦した「天皇裕仁」が「無条件降伏」を受諾すれば戦争は終結したのだ。

「本土決戦」に血迷った「天皇裕仁」の狂気により、この時期だけでも神風特攻隊、B29都市空爆、沖縄玉砕戦、広島・長崎原爆投下、ソビエト軍満州侵攻により日本軍将兵・民間人、それと連合国将兵が無意味な死をとげたのである。

「ポツダム宣言」受諾は「天皇裕仁」唯一人が決定できることであった。大日本帝国憲法は第11条で「天皇は陸海軍を統帥する」と決め、第13条で「天皇は戦いを宣し和を講じ」と定めてあった。大日本帝国では天皇以外の何人たりとも「和を講ずる」ことは、天皇統帥権干犯で死刑より重大な犯罪であった。

敗戦が確定する1945（昭和20）年8月前、6月に陸軍参謀総長梅津美治郎は天皇に「支那派遣軍も関東軍も戦争継続は困難である」と前線視察報告をしている。しかし、6月8日の御前会議で「講和」に関しては統帥権干犯になるため口にできず、「今後採るべき戦争指導の基本大綱（本土決戦方針）」を採択し、7月27日の最高戦争指導会議でも、「ポツダム宣言」について意思表示しないことを決定している。8月9日、議題「ポツダム宣言受諾の可否について」の御前会議でも、陸軍参謀総長だけでなく出席者全員が「ポツダム宣言」受諾可否に関しては統帥権干犯であり、意見を述べることは出来なかったのである。

「天皇裕仁」当人が憲法に従わず、男らしく「決断」もできず、「最高戦争指導会議」出席者も、誰一人として「統帥権干犯」に怯え、命を捨て戦争を終結することをしなかったのである。敗戦で武人らしく腹を切って死んだのは阿南惟幾陸相であった。

為に8月15日「ポツダム宣言」受諾まで連日、特別攻撃隊の若者は次々と上官の命令に従い出撃し自爆した。全国都市ではB29の空襲の猛火により夥しい国民が焼死したのである。

十二、天皇の戦争責任を追及できない日本は、アメリカに原爆被爆を責める資格などない

「天皇裕仁」の戦争責任を追及しない日本人は、アメリカに「ヒロシマ・ナガサキ」の原爆被爆を責める資格などない。B29による「都市無差別爆撃」も確かな戦争犯罪であるが、「重慶大爆撃」の先例は「天皇裕仁」が大元帥である日本軍が行った。

「フクシマ」は総てが日本人の責任である。日本全土に原発を造り利権をむさぼった政党、政府、電力会社幹部、御用学者、土地売買者、土建業者、それを放置してきた日本人一人ひとりの責任である。

ドイツは第二次世界大戦敗戦後、ナチスの残虐行為を全世界人民に謝罪した。しかし、未だに日本と「天皇裕仁」は、中国をはじめ危害を加えた世界各国人民に謝罪をしていない。日本人は「アジア太平洋戦争」最大の責任者「天皇裕仁」に対する「戦争犯罪」追及もせず曖昧に放置したままである。「天皇裕仁」に対する「戦争犯罪」追及は被害國側の中国やアメリカの他国民に任せることではない。

日本の右翼保守政党は言うまでもないが、「創価学会」創立者牧口常三郎氏は生前に伊

勢神宮の天照皇太神や明治神宮の神札を焼却破棄したと不敬罪で逮捕されている。であるのに、その創価学会信者が本体の公明党も、「天皇制」に反対し同志多数が惨殺された日本共産党も、憲法で世襲「天皇」を「この地位は、主権の存する日本国民の総意に基く、日本国の象徴」とした。

「国民の総意に基く」は純然たる偽りである。日本国の主権者である国民の「総意」を質したことは一度もない。

幕末に「錦旗」を押し立てて徳川幕府から権力を奪った者が、敗戦後憲法に「天皇」を「日本国象徴」と書き込んで、主権者国民の総意を踏み躙り、「天皇裕仁」の「アジア太平洋戦争」責任を曖昧にしているのだ。

十三、「虚構」から生まれるものは「虚構」である

日本人は徳川幕府に代わり神聖「天皇」を頂点とした明治維新以降、１５０年間を戦争に次ぐ戦争で明け暮れた。そのため、日本人一人ひとりが「日本国成立」の根源が神代の

「虚構」なのか、人間の「真実」なのか、この極めて簡明な事実を解明せず、歴史専門家でさえ明々白々にしていない。それが日本の政治・教育・思考・精神、あらゆる根幹を歪めてしまっている。

　アメリカ人マッカーサーには『人間天皇』であると告白したように報じられているが、日本人の誰も同じ一個人の人間として「天皇裕仁」と生活したことなどない。

「虚構」から生まれるものは総て「虚構」である。

物事の「真実」を軽んじている日本人の精神構造、その最たる根源が「天皇制」である。

　太平洋戦争の敗戦をまともに受け止めず、自省すべきことを蔑ろにしてきた。「昭和天皇」が命名した『大東亜戦争』の宣戦は、大日本帝国憲法第13条で天皇只一人が決め、日本人はそれに従っただけだからである。

「アジア太平洋戦争」の被害民族からすれば、最高戦争責任者は天皇であるが、日本国民一人ひとりも責任を負うべきだと考えている筈だ。

　しかし、日本国民一人ひとりは戦争責任も、おのれが神格化した「天皇」の戦争責任も自省していない。「民主国家」を標榜しながら、新憲法で以前と同様、戦争責任者「天皇」を日本国最高位者とし「世襲制」にした。日本国の「虚構」の根源である「天皇」を日本國の『象徴』とした。

十四、ドイツ民族がヒトラーによる戦争責任を曖昧にし、ヒトラーの権力世襲者を国家の「象徴」にしたならば、世界はドイツ民族をどのような種族と考えるであろうか

日本民族は「日本国民の総意に基く」と、「アジア太平洋戦争」最高責任者「天皇」を日本国の「象徴」とした。

それだけではない、憲法第7条で、⑴憲法改正、法律、政令及び条約を公布すること、⑵国会を召集すること、⑶衆議院を解散すること、⑷国会議員の総選挙の施行を公示すること、⑸国務大臣及び法律の定めるその他の官吏の任免並びに全権委任状及び大使及び公使の信任状を認証すること、⑹大赦、特赦、減刑、刑の執行の免除及び復権を認証すること、⑺栄転を授与すること、⑻批准書及び法律の定めるその他の外交文書を認証すること、⑼外国の大使及び公使を接受すること、⑽儀式を行うこと、以上の10項目と、第6条⑴で国会の指名に基づいて、内閣総理大臣を任命すること、⑵で内閣の指名に基づいて、最高裁判所の長たる裁判官を任命すること、を任せた。「天皇の国事行為10項目」は他国では国民投票により選出された元首が行う最重要行為である。

もしも、「ヒトラー総統」が自ら起こした侵略戦争に惨敗し自殺もせずおめおめと生き延びていて、ドイツ国民が「国民の総意に基く」と、新しいドイツ国家の首脳と裁判所最高責任者を任命させることを委任し、「天皇の国事行為10項目」をドイツの憲法で制定したならば、第二次世界大戦がもたらした大惨事は人類にとって何の意味も無くなってしまったであろう。

ドイツ民族はそのような無責任な民族ではなかった。

十五、将兵は「死して罪禍の汚名を残すこと勿れ」、自分は「生きて虜囚の辱を受けた」天皇

ドイツ民族の一員である「ヒトラー」とその配下「ゲッベルス」は、自ら起こした侵略戦争の敗戦を恥じ、廃墟となったベルリンで妻と子まで自決した。一方、「恥を知る者は強し」と戦陣訓を制定した東條英機と、裁可した「天皇」はぬけぬけと生き恥を曝した。

ドイツ人は騎士道を弁えたが、日本人は武士道を忘れ、敗戦で腹を掻っ捌いて自決したの

は阿南惟幾陸軍大臣であった。

東條などはピストルの弾が逸れたと死ねなかったが、極東軍事裁判法廷は絞首刑にした。天皇はマッカーサーを詣で生き延び、その天皇を日本人は新憲法で確固たる「世襲制」にした。

わずかに、大日本帝国「天皇」独裁を抑止するために、第3条で「天皇の国事に関するすべての行為には、内閣の助言と承認を必要とし、内閣が、その責任を負う」とした。

日本人の論理は、「天皇の国事に関するすべての行為」には「内閣が責任を負う」のであるから、「天皇の国事に関するすべての行為」は天皇が何をやろうと構わない、ということである。「国事に関するすべての行為」を「内閣が責任を負う」のは当たり前である。第3条の意味することとは、「天皇」は「無くてもよい無意味な存在」ということになる。

第6条では「天皇は、国会の指名に基づいて、内閣総理大臣を任命する。」天皇は内閣の指名に基づいて、最高裁判所の長たる裁判官を任命する」としている。これも非常に馬鹿げた作業である。日本國憲法は選挙民が選出した代議士で構成された国会があり、国会が「内閣総理大臣」を指名する。それを「天皇」が任命した形をとれと憲法で定めている。この作業を「なにびとを総理大臣に、誰を最高裁判所長官にするかは国会の指名により定まる。それを〝威厳を付与するため〟の形式をとっただけ」と、国民に説明している。その「欺瞞」を憲法としている日本国民が非常に愚かなのだ。

十六、國の主権者は国民。「象徴」は無用。憲法1条から8条は廃棄すべし

憲法条文に【第7条】「天皇は、内閣の助言と承認により、国民のために、左の国事に関する行為を行ふ。」、【6項】「大赦、特赦、減刑、刑の執行の免除及び復権を認証すること」と、ある。

『刑の執行の免除及び復権を認証すること』とは、天皇は『刑の執行』の「免除及び復権」を「認証」するが、『刑の執行』の「認証」をするのか、しないのか、文意が明確でない。

『死刑執行』は生きている人間の生命を絶つことである。「天皇」は裁判官でも検事でも弁護士でもない。被告人の『死刑』に至る真実を全く知らぬ者である。「天皇」の『認証』はどうせ確認もしないで印を押すだけなのだからどうでもよいのか。

「明治天皇」により社会主義者幸徳秋水ら、「大正天皇」により米騒動主導者ら、「昭和天皇」によりゾルゲ事件の尾崎秀実は死刑を執行された。またしても、法律も知らぬ、司法権のない者が『刑の執行』に関与するのか。

日本国民は如何にも呑気な国民である。憲法【第7条】【1〜10項】の「天皇」の「国事に関する行為」は総て重大な国事行為である。【1項】には、「憲法改正、法律、政令及び条約を公布すること。」とある。【1〜10項】までどれも、素養のない素人「天皇」が「する」ので、当然「確認もしない印」になる。何故、天皇の「確認」が必要なのか。国は「天皇の承認行為により国家的な威厳を付与するため」と言う。

不思議なのは日本人が『象徴』や「天皇制度」にも、「天皇世襲」にも奇妙さを感じていないことだ。外国で『象徴』の為に税金から潤沢な報酬を支払っている国があるだろうか。日本人は「威厳を付与する為」に当然と考えている。そんな閣僚に、政治を任せているから國が滅亡への道を辿っているのだ。

『広辞苑』によると［象徴］とは『本来かかわりのない二つのものを何らかの類似性をもとに関連づける作用』とある。つまり、「天皇」と「日本国」という「本来かかわりのない二つのもの」を「何らかの類似性」をもとに、「関連づける作用」ということになる。「天皇」と「日本国」の「何らかの類似性」とは何か。どちらも曖昧模糊としている。『広辞苑』に「あいまい」は「故意に実体をぼかすため対象がどういうものかはっきりつかみえないさま」、「模糊」は「ぼんやりして本当の姿が見えないさま」とある。これが日本国と日本人の姿である。［象徴］「天皇」に現代「日本国」を解明する鍵があると考える。

付言に、「象徴」とは「ある別のものを指示する目印・記号」とも記されている。「日本国」の「目印・記号」に「天皇」が相応しいだろうか。摩訶不思議なのは「承認行為」は「天皇」一人で足りるのに、「天皇」に付属する家族達まで、国民が税金で面倒を見るのは何のためなのか。その者達は江戸時代でいえば武家社会における次男三男と同じではないのか。江戸時代はその家長がその者の行く末を案じ面倒を見ていた。現代は、生活保護すれすれの国民が税金で「世襲制天皇」一家の、医療費から何から何まで、最高仕立ての生活保障をする必要はない。天皇でも自らの労働による収入がなければ、生活保護を受給すればよい。憲法【第14条】「すべて国民は、法の下に平等であって、人種、信条、性別、社会的身分又は門地により、政治的、経済的又は社会的関係において、差別されない。華族その他の貴族の制度は、これを認めない。」としている。国民は皆同じ日本人である。天皇一家だけを特別にするのは、憲法第14条違反である。

十七、日本人は「虚構」状態でないと精神構造のバランスが保てない国民なのか

日本人は何時から精神構造のバランスを保てない国民になってしまったのか。なぜ、選挙で決まった「総理大臣」の上に「象徴」を置かなければならないのか。不相応な「総理大臣」なら直ぐ交替させればよい。国民は選挙権を持つ國の主権者である。主権を行使できない憲法ならば、国民が主権を行使できる憲法に改正すればよい。国家は国民の選挙により構成される。しかし、日本には国民が選挙で構成した国家機構と、全く関係ない選挙権も無い「天皇一家」がある。「天皇」が国民の選挙と無関係に世襲される制度がある。この「天皇制」は現代国家では不要である。

マスコミが「北朝鮮金一族」を「天皇一家」の対比に出せば、日本人にも「権力世襲」制度の不要を理解し易い。しかし、マスコミは「英国王室」を採り上げ、「天皇」世襲が「英国王」世襲と同様である扱いをしている。しかし、「英国王室」は、近代数百年間の英国国民とイギリス王家との確執によって、現在の基盤が成立している。

日本國「天皇」の場合は「英国王室」とは異なる。徳川時代以前から民と領主の抗争、

領主と幕府の確執が継続していたから、民は領主の存在は知っていたが、「天皇」の存在を認知していなかった。

江戸時代1853年6月の「黒船来航」から、日本国は攘夷か開国か佐幕か勤王かで国を二分し、旧体制派は「佐幕」でフランスを、倒幕派は「尊王」でイギリスを、お互いが外国勢力を背後に抗争した。その間、「尊王か攘夷か」を争ったが、「尊王」とは「天皇」制度の具現だったのではない。「攘夷」とは徳川幕府体制「鎖国」の延長だったのではない。一般庶民にも新撰組にも反幕府勢力の志士にも、「天皇制度」構想はなかった。

1867年6月に薩摩藩が倒幕に踏み切り、1868年1月27日に「鳥羽・伏見の戦い」から戊辰戦争が開戦され、3カ月後の1868年5月3日に江戸城を開城し「佐幕派」の敗戦が確定。260年継続した徳川幕府が崩壊し、「天皇」が突如として国民の前に現出したのである。1870（明治3）年、明治政府参与岩倉具視が近代日本国家の原則を書いた意見書『建国策』には、「天皇制」についての項目は全くない。1873（明治6）年発生の「征韓論」論争では、明治政府首脳の西郷隆盛も板垣退助等も、反対派の大蔵卿大久保利通も岩倉具視等も各自が自己の主義を主張し、「明治天皇」の存在など全く無視されている。己の主張が認められなければ職を辞して、明治国家を二分する西南戦争を起こしている。岩倉具視は極度の夷狄恐怖者の「孝明天皇」と公家達には、近代国家の統治能力など無いこと、欧米列強に劣らぬ日本国家建設に彼等は不要であること、が判っていた筈である。幕府方の勝海舟は勿論、倒幕方の西郷隆盛も「天皇」などは論外であった。

「天皇制度」は明治新政府成立以後に、「孝明天皇」以前と異なる「天皇」の仕組みが作られたのである。日本国民が「天皇」の国家統治能力を認めたからではない。

戊辰戦争勝利者である大久保利通等は、徳川幕府崩壊で敵味方に分裂した国民を、勝利者の枠に囲うために、「天皇」は根源が神で万世一系の「現人神」であり、「天皇は神聖にして侵すべからず」の神憑りの「虚構」の『大日本帝国憲法』を制定し、２６０年間徳川幕府の民・百姓であった国民を誑かしたのである。

「英国王室」の根源は「虚構」ではない。

「英国王室」と「日本国天皇」とは財政基盤も全く異なる。「英国王室」は自体の財政収入全額を一旦英国国庫に納め、納入した15％約52億円を経費として授受し、財政収支は英國国民に細部まで公にされている。「天皇一家」の財政は国民の税金から年数十億円が交付されているにもかかわらず、国民には受領金額も収支明細も明らかにしていない。

英国では「王室賛成派」がダイアナ妃の離婚や事故死により一時30％まで下がったが、現在は69％に向上し「王室反対派」は30％と言われる。日本は「民主国家」と称しているが、マスコミはこぞって菊と鶴をタブーとしている。未だに「天皇制」反対表明は可能でない。

世界から見れば日本の象徴「天皇」は「アマテラス教」教祖としか思われていまい。国民も「アマテラス教徒」と認識されているだろう。国民も各政党も挙って「天皇制」とその「世襲制度」を曖昧模糊のまま認知している。世界から見れば不可思議な謎である。

十八、日本は古代国家ではない。『君が代』は止め、「天皇」が最善ならば選挙で選び世襲をやめよ

既に古代ではない。国民が國を挙げて「天皇」を最善とするならば、国家元首として他国の「大統領」と同じく選挙で選択すればよい。そのような世界に通用する統治能力が「天皇」にあるのかを試すのが一番である。駄目ならば「天皇」を選挙で替えればよい。

しかし、「世襲制」は国民が反逆しない限り永遠に続く。「天皇」は日本国の「象徴」でただの「しるし」だから「どうでもよい」のか。しかし、過日、生きながら「昭和天皇」に

より戦場や牢獄の地獄に投げ込まれた人々、その御家族がいる。彼に対する憤怒は言語に絶するだろう。「徴兵」を免れ、戦病死、餓死から辛うじて生き延びた小生の怒りなど、蚊に刺された程度なのかもしれぬ。

人間として条理が立たぬ日本人のいい加減な思想に國の未来はない。青少年達とこれから生まれる子供達のことを考えよう。日本が現代の独立国家として世界に認証される為に、先ず、憲法上日本国「象徴」である天皇が、明治より敗戦まで、植民地にした韓国国民へ「竹島」の返還を、侵攻し幾多の人命を殺傷した中華人民共和国国民に「尖閣諸島」の返還を、日本国民に諭すことを宣言し、天皇も率先して「日本國」を改革する為に天皇位を退位する。「世襲制度」を廃止する。事後は国民の総意に委ねる。

「天皇制国家」の未来永劫を謳う『君が代』は止め、日本人の生まれ育った風景を詠う『故郷』を国歌に代えよう。

第二章

「大日本帝国天皇」による侵略戦争の罪跡

一、大日本帝国天皇による侵略戦争

世襲天皇制国家「大日本帝国」は、1895（明治28）年に台湾を、翌年朝鮮を武力侵略し、1931（昭和6）年9月関東軍は満鉄線路を爆破し、1932（昭和7）年に中国東北部を占領。3月に傀儡「満州国」を建国し植民統治し、宣戦布告せず中華民国全土に侵略戦争を開始した。

昭和の日本国民は戦時体制下に置かれ、打ち続く戦争で食料や生活用品も欠乏し、軍隊も軍事費の窮乏で兵器近代化が遅れ、38式歩兵銃さえ改新できない状況であった。

そうであるのに1940（昭和15）年5月、ヒトラーが隣国オランダ・フランスに侵略を開始するや、昭和天皇はフランス領インドシナ（ベトナム）・オランダ領東インド（インドネシア）を、更に英国のアジア領土の防備が手薄と見るや、ビルマ・マレー・シンガポール・香港を大日本帝国の「大東亜共栄圏」に取り込もうと侵略の野望を拡大した。

1940（昭和15）年9月27日、アジアにおける日本の軍事専制支配、欧州における独・伊の軍事専制支配を相互承認する「日・独・伊三国同盟」を締結した。

1941（昭和16）年5月初旬より、東京のゾルゲ諜報機関はモスクワのスターリンに、幾度となく「ヒトラーのソビエト侵攻」を警告した。

１９４１（昭和16）年６月17日、『６月22日未明、１５０個師団のドイツ軍が攻撃する』と、ヒトラーの「バルバロッサ作戦」を日時まで正確に諜報した。スターリンはそれさえ黙殺した。

１９４１（昭和16）年６月22日、ヒトラーはソビエトに侵攻しソビエトは壊滅的打撃をうけた。

「昭和天皇」はヒトラーのソビエト侵攻によりスターリン政権が崩壊すると欣喜雀躍、関東軍のシベリア侵攻千載一遇の好機到来と『関東軍特種演習』を発令し、満州に日本軍80万の大兵力と軍馬を集結させた。

昭和天皇が大元帥として統帥する「関東軍」は無敵と言われていた。関東軍が敵とするソビエト赤軍は１９３０年代に行われた「スターリン大粛清」で、ソビエト軍最高軍事会議メンバー80人の内75人、軍管区司令官全員、陸軍司令官15人の内13人、軍団司令官85人の内57人、師団司令官１９５人の内１１０人ほか多数の上級将校や、赤軍の至宝と謳われたトゥハチェフスキー元帥までが１９３７年６月に銃殺され、全く弱体化してしまっていた。関東軍はその赤軍と１９３９年５〜９月にノモンハンで戦闘したが関東軍が重大な損害を被っていた。「精鋭関東軍」の実態は国民が知らぬだけで、世界列強に較べ兵器近代化が遅れていた。１９４５年8月の第二次世界大戦敗戦まで日本軍装備に自動小銃は無く、「38歩兵銃」の旧式軍隊であった。

天皇旗下日本陸軍の軍事物資輸送は車輛でなく「馬」に頼る軍隊であった。ノモンハン事件は夏季であったから日本陸軍は完全な敗北を免れたが、燃料・装備・軍服など冬季のシベリアでソビエト赤軍と戦争できる軍隊ではなかったのである。シベリアの冬季は零下30度以下になり、水は凍結し「米」は炊けず、糧秣を運ぶ「馬」は動かず、米を炊く煙を出せば敵に攻撃された筈である。小生は戦時に八王子陸軍糧秣廠に学徒動員され知ったが、日本陸軍の主食は米・乾パン・大豆、副食は大和煮缶詰・乾燥味噌・乾燥野菜で、荒原のシベリアでは支那大陸と違い、軍隊が食料を強奪する村落もない。日本の陸軍は支那以外、戦争が出来る場所も季節も限定されていたのである。そんなことを知らぬ大元帥「天皇」が『関東軍特種演習』を発令したのである。

シベリアに侵攻したい「昭和天皇」は、満州に大軍隊と内地農村の大部分の馬を集結させたが、ヒトラーのドイツ軍のように航空機も戦車も、軍用車両の準備も無く、製パン車や食料輸送手段は皆無で、軍馬の乾草や藁も足りず、軍用「米」に代わる将兵の糧秣さえ準備が出来ていなかったのだ。

日本陸軍の「戦闘時糧秣」は、兵隊一人が「数日分の米・乾パンと1日当たり食塩12グラム」の所持だけ、その数日以後は［現地調弁］、つまり戦場の敵国住民から糧秣を強奪する野盗集団であった。天皇の［三光作戦］で日本軍隊が荒らし尽くした支那の村落は、鶏1羽、豚牛1頭も無くなり、村民の食料はことごとく略奪され、婦女子は強姦・虐殺され、住居は放火されたのである。［現地調弁］の実態は憲兵の著作物に対する検閲が厳しかった1938（昭和13）年、ベストセラーになった火野葦平著『麦と兵隊』に、さも当然である如く書かれている。

天皇の「錦の御旗」を掲げた戊辰戦争以来、［現地調弁］は「天皇の軍隊」の伝統で改める気配はなく、「太平洋戦争」でも日本軍は［現地調弁］であった。日本軍が侵略したベトナム・シンガポール・香港など各地で住民の食料を強奪し、数十万の民衆を餓死させた。それを知らぬ日本人は現地を観光旅行しているが、餓死虐殺された死者の慰霊碑は今も残っているのである。

戦場体験があり職業軍人であった藤原彰著『餓死した英霊たち』（青木書店）によれば、「天皇の軍隊」の作戦立案は［現地調弁］だったので、日本軍兵士の餓死者は合計で「127万6240名」に達し、全体の戦没者「212万1000名」（ウィキペディア「第二次世界大戦の犠牲者」）の60％以上だったのである。「太平洋戦争」で南方諸島に置き去りにされた日本軍兵士は、食える草や生き物もなく戦友の屍まで食べた話さえある。餓死する兵士に戦争を命じた天皇裕仁一家は、その時宮城で何を飽食していたのか。日本軍将兵の中でも下級の兵士ほど『名誉の戦死』でなく餓死させられたのだ。日本軍の作戦は全てが［現地調弁］であったために、ニューギニアに上陸した日本軍は20万人であったが、生還したのは僅か2万人であった。インパール作戦でも戦死者の78％、「14万5000人」が餓死であった。フィリピン戦線では戦死者の80％、「40万人」が餓死である。

ヒトラーのドイツ軍は、機甲師団1師団当たり1日1万2000斤のパンを焼き上げる車輌と、生きた牛や豚を積む車輌、食肉をハム・ベーコンに加工する車輌、それとトラック20台、他に砲弾輸送トラック20台、ガソリン輸送トラック13台を装備し戦闘していた。一方「天皇」の軍隊は僅かな「米」と乾燥糧秣を持たされ、運搬は兵員6名当たり荷馬1頭であった。

1932（昭和7）年1月、昭和天皇は中華民国に宣戦布告せずに上海で侵略戦争を開始し、「戦争」でない「事変」だと誤魔化し続け、広大な支那大陸に60万の軍隊を投入した。しかし、蒋介石軍と中国共産党軍の抵抗で、「支那事変」は勝利の見込みのない泥沼状態になってしまった。

そのような状況で、昭和天皇は1941（昭和16）年7月2日、御前会議で、『情勢の推移に伴う帝国国策要綱』(1)「南方進出の態勢を強化し目的達成の為対英米戦を辞せず、南部仏印へ日本軍を進駐させる」、⑵「密かに対ソビエト武力的準備を整え、独ソ戦争の推移が帝国に有利に進展せば武力を行使する」を裁可した。直ちに、アメリカ・イギリスは日本資産凍結・日英通商航海条約廃棄・対日石油輸出禁止の強力な日本制裁を発動した。

昭和天皇は『対英米戦を辞せず』と決定したが、宿怨の敵「ソビエト」侵攻か、それとも戦争資源強奪の「東南アジア」侵攻かに混迷し、「シベリアのソビエト軍がヨーロッパ戦線へ転送され、関東軍の2分の1以下に減った場合はシベリアに侵攻する」と決定した。しかし、天皇の願望通りに「極東ソビエト軍の減少」も「ヒトラーのモスクワ攻略」もならず、シベリア厳寒期の戦争など不可能な日本軍は、「南進」を選ばざるを得なくなったのだ。天皇は1941（昭和16）年12月1日、御前会議で『日本時間12月8日、対米・英・蘭に宣戦する』ことを決定した。

『鬼畜米英』の標語で国民を戦意高揚し、対米英戦争に煽りたてた。『鬼畜』は昭和天皇でありヒトラーである。天皇統帥の関東軍「731部隊」は満州国ハルピンで、中国人・ソビエト人を逮捕幽閉し、「鬼畜」も恐れる悪魔の所行「人体実験」を行っていたのである。天皇の盟友ヒトラーはポーランドでアウシュヴィッツ強制収容所の大拡張を命令し、ナチス占領国のユダヤ人や捕虜の大量虐殺を繰り返していた。

1941（昭和16）年12月5日、ヒトラーのドイツ軍はソビエトの首都モスクワ近郊まで侵攻し、170キロにわたる戦線でモスクワを包囲し、モスクワ陥落が目前に迫っていた。そこにナポレオン軍敗退の二の舞、零下40〜50度の「冬将軍」が襲い、冬季前に「モスクワ占領」を確信していたヒトラーのドイツ軍は、「夏季」戦闘装備であったために、戦車・トラックは冷却水が凍り動かなくなり、銃砲火器はオイルの凍結で使用不能、食料も凍結しドイツ軍将兵は飢えと凍傷で倒れ、ドイツ軍後方補給路は延びきっており、最前線で弾薬や燃料は欠乏していた。一方、守勢に立たされていたソビエト赤軍に極東シベリア軍が加わり、モスクワ防衛ソビエト軍が反撃に成功し、ヒトラーはモスクワ攻略を中止した。

その数日後の1941（昭和16）年12月8日、昭和天皇は「ドイツ軍のモスクワ敗退」も知らず、「真珠湾」アメリカ太平洋艦隊を攻撃し『大東亜戦争』を開戦したのである。

国家元首が他国に宣戦するからには戦争に勝利することを考え、万一戦争に負ければ自らの命を失うことを考えるであろう。しかし、日本国統治者「天皇裕仁」には、自ら命名した『大東亜戦争』に勝利するとは何かを熟慮した形跡はない。

日本が宣戦すれば手持ちの1年半分の石油を使い果たす前に、「アメリカが講和を懇請してくる」と空頼みし、1941（昭和16）年7月2日の御前会議で『情勢の推移に伴う帝国国策要綱』を裁可し、アメリカとの大戦争を決めたのである。勝利する具体的構想もなく宣戦したのだ。

１９４１（昭和16）年9月5日の御前会議前日、昭和天皇は「日米開戦となった場合、陸軍はどれ程の期間でアメリカを片付ける確信があるのか」と、杉山元参謀総長に愚かな質問をしている。

その『問い』に杉山参謀総長は「太平洋方面は三カ月で作戦を終了する見込みでありますす」と答えている。この杉山参謀総長の『答え』も、日本陸軍最高司令官がどのような数式で計算した「三」なのか、真に奇妙な数である。この『答え』に昭和天皇は「お前は……あの時支那事変は二カ月程度で片付くと朕に申した。然るに四年経っても未だ終わっていないではないか」と、語気鋭く杉山参謀総長を問責している。これでは「天皇」「杉山」両者とも、戦争ごっこの学童の頭脳である。呆れるが、当時の大日本帝国を統治し「太平洋戦争」を宣した「天皇裕仁」、日本陸軍を統帥した杉山参謀総長の知力であった。

「天皇裕仁」の質問「陸軍はどれ程の期間でアメリカを『片付ける』確信があるのか」の「片付ける」は、『広辞苑』には「整理する。処理する。邪魔になる者を除く」の語意があるが、天皇裕仁はどの意味で使ったのだろうか。『処理する』であれば「アメリカを処理する」とは何か、天皇自体が「片付ける」の語意を理解していないで、杉山に質問したとしか考えられない。質疑応答両者が『片付ける』の語意不明で問答し「太平洋戦争」を開始したのである。

宣戦布告した天皇は、広大な支那大陸侵略戦争は勝利の目処なく60万の将兵を放置したまま、北進のシベリア侵攻を目論んだが冬季が迫り、夏服戦争の南進に切り替えた。一方、ヒトラーの「戦争勝利」目標は明確であった。ポーランド・ベルギー・オランダ・フランス・イギリス・ソビエトを侵略し占領統治することであった。

アメリカに宣戦した「天皇裕仁」の「太平洋戦争勝利」とは、日本の軍隊でアメリカ合衆国全土を占領することだったのだろうか。アメリカ国民は合衆国本土に日本軍が侵攻したら徹底的に戦う。アメリカは自国民同士の「南北戦争」でも62万人の犠牲者をだした。まして侵略してきた相手が日本軍隊であればアメリカ国民が徹底的に戦うのは当たり前だ。日本も敗戦濃厚で全員玉砕まで追いつめられ「本土決戦」が必至であった。日本国で只一人、他国に宣戦する権能を持つ「昭和天皇」は、「日本軍隊でアメリカ全土を占領する」など考えもしなかったらしい。戦争を起こせば、「いずれアメリカが講和を申し入れてくるだろう」と、一人夢想し宣戦したらしい。まさに「天皇裕仁」は狂っていた。アメリカに戦争を仕掛けた「天皇裕仁」は「敗戦」の段階など頭の片隅にもなく宣戦したのだ。

太平洋を隔て貧困国日本がアメリカ合衆国に勝利できる道理は万に一つもない。小学生でも判ることだ。万に一つもあり得ないが、例えとしてアメリカが日本国天皇に講和を申し入れてきたとして、どうするつもりだったのか、昭和天皇は側近に「後はそちらに任せる。良いように取りはからえ」で、何一つ真面目に考えていなかったのだ。敗戦後1945年9月2日、米艦「ミズーリ」の日本降伏文書調印式にさえ、逃げ隠れしてしまった。武人どころか、男としても器量が無さ過ぎる。

大日本帝国憲法第11条には「天皇は陸海軍を統帥す」、第13条には「天皇は戦を宣し和を講し及諸般の條約を締結す」と、明記されている。戦を宣した「天皇裕仁」以外に日本人で「日本降伏文書」に調印する者はいない。ヒトラーでさえベルリンで敗戦の責任を負い自ら愛人と自殺した。戦陣訓を布告した日本武尊の末裔大元帥「天皇裕仁」も、武士道に従い自刃したと日本人は思った。ところが「天皇裕仁」は降伏文書調印式に出席もせず宮城に隠れていた。

「天皇裕仁」の「第二次世界大戦」とはなんであったのだろう。「大和・武蔵」を建艦し、戦争ゲームの大元帥となり、程度の低い日本軍参謀総長・軍令部総長の二人を配下に、作戦地図を拡げ「ゲーム」感覚で『大東亜戦争』を開戦したのだった。総理大臣近衛文麿も、聯合艦隊司令長官山本五十六も戦争に反対であった。

『大東亜戦争』時の「昭和天皇」を記した『小倉庫次侍従日記』によると、「昭和17年3月9日㈪、ジャバ島全軍無条件降伏、戦果益々挙る目出度き極みなり、御満悦さこそと拝察せらる。〔注〕三月七日ジャワのバンドンのオランダ軍降伏、八日ビルマのラングーン占領、ニューギニアにも上陸と、日本軍の快進撃がつづいた。天皇は木戸をよんで、戦況を隠すことなく伝えて喜びの言葉を発した。『あまり戦果が早くあがりすぎるよ』と、これが当時の彼の心境である。

二、初代「明治天皇」が清国に宣戦した日清戦争

敗戦後60年以上経っても、日本の「歴史専門家」を自称する学者に「昭和天皇」は「現人神」であり、人間としての戦争責任は問えないと不問にする風潮がある。余儀なく一般人として、明治・大正・昭和3代の「天皇」が「宣戦」した戦争の理非を考える。

初代「明治天皇」は「清国」に宣戦した。「清国」は18世紀末から、英国との「アヘン戦争」、独・仏・露の帝国主義国との植民地化戦争、「大平天国」の内乱、満州族と漢族の抗争で疲弊し尽くし、新興「大日本帝国」と清国属領「朝鮮」の権益を争う力はなかった。

一方、「大日本帝国」は戊辰戦争の内乱が一段落し、失業した多数の不穏武士を抱え、

急拵えの「天皇制国家」を存立させる財源が必要であり、帝国主義国家が荒らし尽くした「清国」に宣戦し、莫大な賠償金「3億6525万円」を獲得した。

賠償金の大部分「3億2000万円」を「大日本帝国」の軍備増強に使った。1896（明治29）年の米1俵は3円72銭で、米が8602万1505俵買え、現在米価1万5000円に換算すると、賠償金「3億2000万円」は「1兆2900億円」である。この膨大な「清国賠償金」を「大日本帝国軍資金」にしたのである。

三、「明治天皇」が「ニコライ2世皇帝」に宣戦した日露戦争

現在も「朝鮮半島」は南北で統一を果たせず分断されている。

「日清戦争」は「朝鮮」を属領としてきた清国と、「朝鮮」を自国勢力下に企んだ日本の戦争であった。「日露戦争」は日・露両帝國が朝鮮半島を北と南から、自国の勢力下に置こうと戦った戦争であった。「大日本帝国」はロシア帝国南下の脅威を阻止したいと目論み、「ロシア帝国」は満洲を勢力下に置き『三国干渉』で日本が手放した遼東半島の旅

順・大連をロシア太平洋艦隊基地とし、「朝鮮」もロシア帝国の勢力圏に取り込もうとしていた。

「朝鮮半島」は朝鮮民族の領土である。「ロシア帝国」にも「大日本帝国」にも主権はない。「明治天皇」にも「ニコライ2世皇帝」にも配下に主戦派と反対派がいた。「ニコライ2世皇帝」は戦争を自重する配下を左遷し、「明治天皇」は主戦派を取り立て戦争を開始した。

「大日本帝国」に戦争費用はなく、僅かに「清国賠償金」が残っていただけである。1903（明治36）年、日露戦争開戦前年の「大日本帝国」の一般会計歳入は僅か「2億6000万円」であった。日本の日露戦争戦費総額（公表額）は「18億2629万円」（帝国書院「戦争別戦費」）である。

「日本」が日露戦争で戦費とした金は総額で18億円強である。年2億円の歳入で「ロシア」と戦争をはじめたのだ。後の16億円は全て借金である。「大日本帝国」には兵力もなかった。開戦時の戦力は歩兵がロシア軍66万、日本軍13万、騎兵がロシア軍13万、日本軍1万5000、予備部隊はロシア軍400万、日本軍46万であった。「大日本帝国」は数万の将兵の屍で旅順要塞を攻略し、バルチック艦隊を撃沈し、全く奇跡的に「ロシア帝国」に勝利した。日本にとって日露戦争は博打であった。

「ロシア帝国」は日本海海戦でバルチック艦隊が全滅してもそれだけのこと、「大日本帝国」は「外貨調達」に一回でも失敗していれば、アメリカの仲裁が長引けば、戦費は使い果たしていた。「ニコライ2世皇帝」がアメリカ仲裁の講和に已むなく応じたのは、ロシア農民や兵士の革命蜂起が主因であった。「ロシア帝国」に「革命」が起こらなかったならば、「大日本帝国」は軍事上も経済上も自滅していた。

現在も「大日本帝国がロシア帝国に勝った」と国民に宣伝しているが、「勝った」という内容は、「ロシア皇帝が領有していた南樺太と遼東半島の一部の権益が日本に戻り明治天皇の領有になった」それだけである。もし日本がロシアに負けていれば、「大日本帝国」全土がロシア皇帝の植民地になり、日本国民はロシアの一部族になっていたのである。日露戦争は日本存亡を賭けた馬鹿げた博打だったのだ。

「ニコライ2世皇帝」は「賠償金」を日本に払えば、ロシア民衆の蜂起に油を注ぐことになるため、全く払う気はなく「賠償金」はゼロであった。日本国民は「ロシアに勝利した」と教えられていたので、「賠償金」ゼロと知り小村寿太郎外交は弱腰だと日本各地で暴動が起きた。

日露戦争の日本軍歩兵は「13万人」であった。しかし、日露戦争での日本軍歩兵の戦死・戦傷・病没・負傷者の合計数は「23万6431人」である。日露戦争で歩兵13万人の総てが戦死・戦傷・病没・負傷し、そのほかに10万人の膨大な若者が戦病死したのである。

四、「日露戦争」が日本国民の生活を徹底的に破滅し困窮せしめた

日本の「日露戦争」戦費公表額は「18億2629万円」。勿論、これには国民が蒙った計り知れない損失は含まれていない。当時の日本国人口は「4662万人」。1人「39万1740円」の「日露戦争」戦費を負担したのである。それが如何に莫大な負担であったか、日本の『米価の変遷』に当て嵌めると1904（明治37）年の米価は1俵（60キロ）4円36銭。2011（平成23）年は（60キロ）1万5215円。当時の3490倍である。日本国民一人が負担した「日露戦争」戦費「39万1740円」の3490倍は「13億6700万円」である。戦争が無ければ日本国民全員が「億万長者」になっていたのだ。

「日露戦争」開戦前年、1903（明治36）年の「大日本帝国」一般会計歳入は僅か「2億6000万円」である。「日露戦争」戦費「18億2629万円」は7年間の「一般会

計歳入」全額であり、それを日露戦争に浪費したのである。近代、日本が欧米諸国に較べ極度の貧困国になった根底は、この「日露戦争」戦費負担なのである。

「日露戦争」は「明治天皇」が金も無いのに外国資本家から借金し、超大国ロシア皇帝「ニコライ2世」に宣戦した博打だ。戦争に13億円（一般会計歳入5年分）の「外貨公債」を発行したのである。

「明治天皇」は真っ当な思考能力者ではない。日露戦争に反対する正常な国民はいた。「明治天皇」はその真の愛国者を牢獄に閉じ込め、「幸徳秋水」等数十名を死刑にしたのである。他にも大勢の愛国者を獄で殺した。

博打に狂い家族は飢えに苦しみ、諫めても聞く耳を持たず、諫めた家族に暴力を振るって殺し、博打の掛け金は無くなり、他国から借金して博打に金をつぎ込んだ博徒「明治天皇」に、「幸徳秋水」達は殺されたのである。博打を打った当人「明治天皇」は、「日露戦争」戦費「18億2629万円」を鐚一文払っていない。全額を貧乏国民「4662万人」に負担させたのである。

この「日露戦争」戦費を、明治期の日本の教育・医療の社会資本に費やしたのであれば、日本国は北欧並みの社会制度が整った豊かな国家になっていた筈である。

アメリカの「イラク戦争」（2003～2011年）、8年9カ月の「戦費」は、米国経済学者スティグリッツ氏によれば「305兆円（3兆ドル）」だという。アメリカ合衆国人口は3億1465万9000人。「イラク戦争戦費」負担はアメリカ国民1人当たり「97万円」の巨額であった。超大国アメリカ合衆国では、戦争で儲けた資本家は益々富裕になったが、国民の社会的生活基盤は崩壊した。「アメリカンドリーム」の夢は去り、アメリカ国民が困窮した根源は、軍事超大国として他国に武力侵略を続けた朝鮮・ベトナム・イラク「戦争」である。

大日本帝国の「日露戦争」（1904年2月〜1905年9月）、1年7カ月の戦費と、その100年後のアメリカ合衆国の「イラク戦争」（2003年3月〜2011年12月）、8年9カ月の戦費を対比するには、100年前と現在の日本の国家予算規模を比較しておかなければならない。

日本の1903（明治36）年度（日露戦争開戦前年）の一般会計歳入は「2億6000万円」、2010（平成22）年度（100年後）の一般会計歳入は「92兆2992億円」、日露戦争当時と100年後の「一般会計歳入」とを比較すると「35万5000」倍である。

アメリカ合衆国の「イラク戦争戦費」「305兆円」を「35万5000」で割ると、日露戦争当時の金額で「8億5900万円」である。「大日本帝国」の日露戦争戦費「18億2629万円」は、その「8億5900万円」の2・13倍である。

アメリカ国民を疲弊させた「イラク戦争戦費」「305兆円」。その2倍以上を日本は「日露戦争」で浪費したのである。「日露戦争」が如何に日本国民にとって莫大な税金の浪費であったか想像を絶する。

また、「日露戦争」の戦争期間は19カ月、「イラク戦争」は105カ月。「イラク戦争」におけるアメリカ軍の戦死戦傷者は「3万6716人」（2012年6月22日　国防省発表）であるが、「日露戦争」における日本軍の戦死戦傷者は「23万6431人」、「イラク戦争」のアメリカ軍戦死戦傷者数の6・5倍である。1年半の「日露戦争」に如何に多数の日本軍将兵を戦死させたか。

「イラク戦争戦費」でアメリカ合衆国国民は困窮し、アメリカ政府は財政削減で教育者や警察官までを解雇した。「イラク戦争戦費」がアメリカ合衆国の根幹を揺るがす乱費となったように、「日露戦争」が日本国民の生活を徹底的に破滅し困窮せしめたのである。

五、「徳川幕府」封建制度が「天皇」世襲制度に変名しただけ

日本は「明治維新」でフランス革命のように「自由と平等」の共和制国家にはならなかった。徳川幕府に替わった「世襲天皇」制度の下に、又しても日本国民は「自由と平等」の権利を奪われた。

徳川幕府が倒れ薩摩・長州閥が政権を握り、日本を神武の太古に逆行させる「万世一系」天皇制を贋造し、専制政治を復古させた。

中江兆民、幸徳秋水、内村鑑三、堺利彦等幾多の先駆者が「天皇」制に反対し、植木枝盛は「日本共和国憲法草案」を起草し「日本共和国」建設に活動した。明治天皇一派は「天皇」専制政治に異議を唱える幸徳秋水達を死刑にし、堺利彦等を牢獄に幽閉し、日本を近代国家に例のない「天皇世襲」国家にしたのである。

それだけではない、似非「日本歴史専門学者」と「明治天皇」一派は、アマテラスを頂点とする「神道」権力を急拵えするために、日本古来の仏教を排斥する「廃仏毀釈」の宗教弾圧を煽動し、民衆信仰により崇められてきた日本各地の仏像を破壊焼却した。この宗教弾圧により、多くの国宝級仏教美術が海外に流出した。

また、似非「日本歴史専門学者」は日露戦争では日本は「ロシアに勝った」と、明治天皇・東郷元帥・乃木将軍を「軍神」に奉って、日露戦争で国民に肩代わりさせた莫大な借財を隠蔽したのである。

彼等「日本歴史専門学者」の「天皇制皇国史」では「日本国建国」は僅か2600年前である。先史時代は「アマテラス・神武・國引き」神話で誤摩化し曖昧模糊のまま、「弥生・縄文」時代の自国の歴史研究も「大日本帝国」敗戦後に始まったにすぎない。

「日本国建国」前の中国・朝鮮などの歴史は、小・中学校で詳しく教えてはいない。近代西欧諸国の産業革命・フランス革命・ロシア革命も学校の歴史教科から抹消している。歴史教育だけではなく、天文学、科学、化学、生物学、文学、音楽など近代の学問研究を「天皇制」は否定していた。

国民の知る権利を奪い盲従を強要し、特高警察を使い「天皇制」に反対する書籍の出版を禁じ、書籍を持つ者を拘禁し、勉強会・発表会の集会を禁じ、国民の「学問研究の自由」を完全に抹殺した。「太平洋戦争」中は「天皇」隷属の文部省教科書の敵性語「英語」は墨で消させたのである。

日本国民が薩摩・長州閥に騙されず「天皇世襲制」を拒否し共和制国家を築いていれば、日本も欧米先進国に劣らぬ国家になったのである。

六、「現人神」の仮面を被った3代目「昭和天皇」

「日露戦争」で日本軍戦死傷者は「23万8666人」（帝国書院「戦争別死傷者数」）であった。初代「明治天皇」より政治権力を世襲し、大元帥となった「昭和天皇」は「現人神」の仮面を被り、「人間」であることを隠蔽し敗戦まで仮面を被り続けた。

「現人神」天皇も日本軍統帥部を采配した「天皇」一族も、徳川家康・豊臣秀吉・織田信長と違い戦場経験は皆無の男であった。彼らに巨大戦争を遂行する能力など無いのは当然である。戦争ゲーム程度の能力の者が配下に諮り「太平洋戦争」を開戦したのである。

1941（昭和16）年9月6日の御前会議前日、近衛総理大臣は「昭和天皇」に『帝国国策遂行要領』「帝国は自存自衛を全うする為対米（英蘭）戦争を辞せざる決意の下に概ね十月下旬を目途とし戦争準備を完整す」を上奏した。「昭和天皇」は1カ月以内に、「戦争か否か」を決めなければならなくなり、杉山元参謀総長と永野修身軍令部総長を宮中に呼び下問した。

「昭和天皇」は杉山参謀総長に「日米開戦となった場合、陸軍はどれ程の期間でアメリカを片付ける確信があるのか」と下問した。杉山参謀総長は「太平洋方面は三カ月で作戦を終了する見込みであります」と奉答した。「昭和天皇」は杉山参謀総長に「お前は支那事変勃発当時の陸軍大臣であった。あの時支那事変は二カ月程度で片付くと朕に申した。然るに四年経っても未だ終わっていないではないか」と問責した。杉山参謀総長は「支那は奥地が広うございまして、予定通り作戦がいかなかったのであります」と、弁明した。「昭和天皇」は杉山参謀総長に「支那の奥地が広いというなら、太平洋はなお広いではないか、いったい如何なる成算があって三カ月と申すか」と、勅勘した。杉山参謀総長は答えられず、「昭和天皇」は大声で杉山参謀総長に「絶対に勝てるか」と詰問した。杉山参謀総長は「絶対とは申し兼ねます。勝てる算のあることだけは申し上げられます。必ず勝つとは申し上げかねます」と奉答した。

これが、10年続く中国侵略戦争の始末もつけられず、更に世界超大国アメリカ・イギリスとの超大戦争を決定する日本総軍大元帥「昭和天皇」と、日本陸軍最高戦争指導者杉山参謀総長との一問一答である。呆れ果てる。

『文藝春秋』２００７年特別号特集「『小倉庫次侍従日記』昭和天皇　戦時下の肉声」には、「宣戦三カ月後の昭和17年3月9日に、『昭和天皇』は木戸内大臣に『あまり戦果が早くあがりすぎるよ』と、真珠湾攻撃、シンガポール攻略の初戦勝利に大喜びした」と書かれている。

喜んだのも束の間、その3カ月後6月7日、ミッドウェー海戦で「日本海軍聯合艦隊」は大敗し、その後、日本軍は戦果があがらず「昭和天皇」は茫然自失し、どうすれば良いか判断できず、「日米艦隊海上決戦」で敵国アメリカとの講和機会を獲得したいと、伊勢神宮に参詣し天照大御神に祈願した。

しかし、神頼みの「日本海軍聯合艦隊」は敗北を繰り返し、3年後の1944年、米軍に本土防衛線を突破され、硫黄島は攻略され、日本本土制空権を奪われ、沖縄は占領され、聯合艦隊全艦が撃破されてしまった。1945年4月30日、ナチス・ドイツは敗北し盟友ヒトラーは自殺、「大日本帝国」敗北は決定的であった。

1945年7月26日、『ポツダム宣言』が発せられた。「⑴吾等合衆国大統領、中華民国政府主席及グレート・ブリテン国総理大臣は、吾等の数億の国民を代表し、協議の上、日本国に対し、今次の戦争を終結する機会を与ふることに意見一致せり。⑵合衆国、英帝国及中華民国の巨大なる陸、海、空軍は西方より自国の陸軍及空軍に依る数倍の増強を受け、日本国に対し最後的打撃を加ふる態勢を整えたり。⑶蹶起せる世界の自由なる人民の力に対するドイツ国の無益且無意義なる抵抗の結果は、日本国民に対する先例を極めて明白に示すものなり。現在日本国に対し集結しつつある力は、抵抗するナチスに対し適用せられたる場合に於いて全ドイツ国人民の土地、産業及生活様式を必然的に荒廃に帰せしめたる力に比し、測り知れざる程に強大なるものなり。吾等の決意に支持せられる吾等の軍事力の最高度の使用は、日本国軍隊の不可避的且完全なる壊滅を意味すべく、又同様必然的に日本国本土の完全なる破壊を意味すべし……」

大日本帝国憲法【第13条】「天皇は戦を宣し和を講し及諸般の条約を締結す」と御名御璽し、『大東亜戦争』を宣戦したのは天皇本人である。日本國に『ポツダム宣言』受諾の権能のある者は、宣戦した天皇本人しかいない。

しかし「昭和天皇」は自分が宣戦した戦争で国民が日々殺されていても、自分は殺されるのが怖く宮城の強固な防空壕に籠もり、国民は竹槍で米軍と戦わせる「本土決戦」へ巻き込もうとしていた。

「昭和天皇」が中国・米国・英国等に宣戦し「敵国」としたのである。「敵国」とされたアメリカは、「昭和天皇」が敗北を認め講和を請わなければ、日本を全滅させるまで戦うのは当然である。

1945年7月28日、「昭和天皇」はポツダム宣言を黙殺した。アメリカはB29で日本全国都市を無差別爆撃し数十万人を殺傷した。

1945年8月6日、アメリカは原爆を広島に投下した。一瞬で15万人の市民が殺された。

１９４５年8月8日、ソビエト軍は満州に侵攻した。関東軍は敗走し婦女子は暴虐に曝された。

１９４５年8月9日、アメリカは原爆を長崎に投下した。一瞬で8万人の市民が殺された。

１９４５年8月15日、現人神「昭和天皇」は漸く日本語で日本国民に「敗戦」を伝えた。『ポツダム宣言』を受諾し全世界に講和を哀願すれば、数十万人の日本人が死なずにすんだのだ。

七、「生きて虜囚の辱を受けず、死して罪禍の汚名を残すこと勿れ」

「昭和天皇」は世界の人々に地獄の責め苦を味わわせた極悪非道人である。３００万人の日本軍将兵が飢えと戦闘で死に、日本内地でも１００万人が空襲や原爆の劫火で死に、平和主義者や彼に反逆した人が獄舎に拘禁され惨殺された。中国民族は数千万人、アジア各国では８００万人の無辜な老若男女が殺された。韓国人や中国人が強制連行され奴隷の如く使役され殺された。「天皇」の軍隊は婦女子を慰安婦として駆り出し辱めた。

日本国民は「昭和天皇」の被害者であるが、「天皇」に恭しく仕えた共犯者でもある。天皇臣下東條英機首相や、軍籍でない廣田弘毅外相も極東国際軍事裁判で絞首刑にされた。「昭和天皇」統帥下の末端兵士多数も戦争犯罪者として処刑された。なかには台湾人や韓国人など本来の日本人でない方々もいた。

ナチスのヒトラーやゲーリング等は敗戦を知り自ら命を絶った。優柔不断であった元首相近衛文麿も戦犯として拘引直前に自決した。陸軍大臣阿南惟幾は敗戦直後自刃し、「特攻隊員」５８００人余りの若者を死なせた『神風特別攻撃隊』指揮官海軍中将宇垣纏は、１９４５年８月15日正午、戦中日記『戦藻録』の最後を記し、自ら命じ用意した特攻機で出撃し自爆した。同じく『神風特別攻撃隊』指揮官海軍中将大西瀧治郎は翌８月16日、５通の遺書を残し割腹自決した。その『８月15日』を生きていた者として、それぞれの「生き様」に感泣する。『その日』以後、日本人は「生き様」を見失ったけじめがつかない人種になってしまった。

遅れて９月、終戦処理を終えた杉山元参謀総長は妻にも迫られ夫婦共々自決した。

「生きて虜囚の辱を受けず、死して罪禍の汚名を残すこと勿れ」は陸軍大臣東條英機が上奏し、「昭和天皇」が勅命した『戦陣訓』であった。その『戦陣訓』のためにどれほど多数の将兵が「虜囚の辱を受けず」と、敵と対峙する第一線で自ら命を絶ったであろうか。

「真珠湾攻撃」特殊潜航艇で自爆した海軍将兵９名は「軍神」と崇められた。しかし、意志に反し生き延びて米軍捕虜第一号となった酒巻和男少尉は人道を踏み外した「極悪人」とされた。彼は敗戦まで生死さえ国民には知らされず、御家族は虜囚の族《やから》、「非国民」と扱われた。

「昭和天皇」はマッカーサーの「生きた虜囚」になりながら自ら命を断ちもせず、「７３１部隊」石井四郎・児玉誉士夫・特高警察官等の極悪人と共に、「東西冷戦」に紛れアメリカの保護下に生き延び「罪禍の汚名」を残した。

『戦陣訓』を勅命とした「昭和天皇」当人にとって、「生きて虜囚の辱を受けず、死して罪禍の汚名を残すこと勿れ」は何だったのだ。

「昭和天皇」臣下の戦犯廣田弘毅が極東国際軍事裁判で絞首刑にされた訴因は、「侵略戦争の共同謀議」、「満州事変以後の侵略戦争」、「戦争法規遵守義務の無視」、「これらの計画をすべて十分に知っており、そしてこれを支持した」の事項だった。「昭和天皇」は「これらの計画を知っている」どころか勅裁し、廣田弘毅に命令した元兇である。

八、日本国「天皇」はいかにして巨大地主・巨大財閥・巨大富豪になったか

江戸時代、徳川家の「捨て扶持」暮らしだった「天皇家」の領地は、豊臣秀吉が下賜した7000石と、徳川家康が加増した3000石余りで、その後に増減はあったが「3万石」余りであった。

辻原登著『韃靼の馬』に「天皇家が幕府より与えられる賄額は年糧三万石にすぎぬらし。対馬一藩の年糧十五万石と比較すれば、その困窮ぶりは推して知るべし」とある。

江戸幕府270余藩の最高は「加賀」藩で120万石。次は「薩摩」藩で72万8000石。

薩摩藩属領「琉球王朝」は8万7000石。順位56番目「川越」藩は8万400石。それら小藩に比べ「天皇家」は取るに足りない食客で、扶持の見返りに東照宮の神君徳川家康「東照大権現」の参詣をさせられていた。

日本人は江戸時代260年間は勿論、それ以前から幕府の将軍や大名は知っていても、「天皇」の存在は知らなかった。公家の岩倉具視達は『御一新』と誇称して、突如として

15歳の少年を巨大地主・巨大富豪・絶対権力者「天皇」に変身させ登場させたのである。その「天皇」の象徴として「錦の御旗」を振り、徳川幕府を倒す戦争は幕府の悪政から民百姓を救うためで、官軍が勝てば年貢を半減すると武士百姓を駆り立てた。

ところが、権力を手にすると「徳川幕府」の森林・土地を『政府官有地』として「天皇特有財産」にしてしまった。「1882（明治15）年」に〔天皇料地〕は「1110町歩」であった。「1886（明治19）年」に29倍の「3万1574町歩」に、「1940（昭和15年」には何と1200倍の「132万6000町歩」になり、「天皇」は日本最大の【巨大地主】になってしまったのである。

「1町歩」は約〝1ヘクタール〟（1万平方メートル）。〔天皇料地〕132万6000町歩は約「1万3260平方キロ」の土地。東京都23区の面積は621平方キロであるから、「天皇」は東京都23区の21倍の土地を所有する日本最大の巨大地主になったのである。本来、『政府官有地』は「明治新政府」を構成する国民の財産である。〔天皇料地〕ではない。『政府所有株式』も「明治新政府」を構成する国民の税金で購入した国民の財産である。「天皇」が自分の金で買った財産ではない。

ところが、『政府所有株式』のうち、日本銀行株券の半分500万円、他に正金銀行株券や日本郵船株券など、日本の中枢事業所の株券を「天皇」所有にしてしまった。「天皇」

は日本最大の【巨大株主】になった。

更に、「天皇」は「日清戦争」の清国賠償金「3億6525万円」の内「2000万円」を横領した。日清戦争開戦1894（明治27）年、日本国の一般会計予算は8000万円である。「2000万円」は国家予算の4分の1にあたる莫大な金である。

1896（明治29）年の米1俵の値段は3円72銭、「2000万円」で米5376万俵が買え、現在の1俵（60キロ）1万5000円で換算すれば「806億4500万円」である。その「清国賠償金」で更に巨大財貨を「天皇」は蓄え【巨大富豪】になった。

日本国「天皇」は「清国賠償金」で皇族・華族などに僅かな分け前を与えたが、日本臣民には一銭も与えていない。「清国賠償金」の大部分「3億2000万円」は「日露戦争」の準備金に使われ、「2000万円」が国の教育基金・災害準備金に使われただけである。

日清戦争戦死者将兵は招魂社へ葬り、その遺族に清国賠償金は分け与えていない。

九、農民は「農地改革」でようやく封建的農奴から解放された

徳川幕府崩壊後も農民は騙され続けた。「明治維新」の後も80年間、百姓は土地を持たぬ農奴であった。農民は全国各地で天皇・皇族・華族等の不在地主と争い、百姓一揆を起こし「小作争議」が続いた。

2代目「大正天皇」の1918（大正7）年、米の高騰で生活が困窮した数百万の日本民衆が「米騒動」で蜂起した。巨大地主「天皇」は配下10万の軍隊を出動させ2万5000人の民衆を検挙し、死刑2名、無期懲役12名、10年以上の有期刑59名の暴圧を行った。

敗戦後も天皇以下の不在地主は「農地の解放」に猛烈に反対した。日本に於ける「農地改革」は、戦時下「治安維持法」違反で投獄され、敗戦直後に無罪宣告された和田博雄等の政策を基に、1950（昭和25）年7月、アメリカ占領軍が実施した。農地の7割余りが小作人のものとなり、漸く農業従事者の90％が「自作農」となった。

敗戦後の「農地改革」により日本の農業生産は飛躍的に発展し、食糧難を切り抜けることができた。農民の購買力も増加し、それが国内生産力と需要を増し戦後復興の基盤となったのである。

残念なことは「農地改革」はアメリカ占領軍が実施したということである。日本国民自身が行ったのではないのだ。国民に改革の力があれば、日本はいち早く民主共和国になったであろう。

明治維新で「徳川領有地」を「天皇」が独占せず、各藩の農民が分かち合っていれば、巨大な不在地主「天皇」は存在せず、多くの山林は村落の所有で農民は「自作農」で、豊かな農業国になった筈である。「昭和恐慌」に娘が身売りする悲劇は避けられたのである。

十、歴代天皇が宣戦した戦争で膨大な戦死戦傷者がでた

「太平洋戦争戦没者数」の正確な全国統計は「福島原発」事故と同じく隠蔽されたままである。

関東の辺鄙「群馬」に存在した日本陸軍「高崎15聯隊」の戦没者数を碑で見ると、如何に多数の国民が「明治・大正・昭和」天皇3代の「戦争」で殺されたかと愕然とする。

日本陸軍は歩兵聯隊だけで600聯隊、その他聯隊を併せ「1000聯隊」であった。

「高崎第15聯隊」の前身である「東京鎮台高崎分営」の戦没者は、「戊辰戦争・西南の役」などの内乱で185人である。「明治・大正・昭和」3代の「天皇」下では、「高崎第15聯隊」だけで5万1640人の青年・壮年が戦死している。

「明治天皇」の世は1534人である。「日清戦争」戦没者が3人、「日露戦争」戦没者が1506人である。「大正天皇」の世は142人である。「昭和天皇」の世は「4万9960人」である。

「満州事変」で178人、「支那事変」で5282人。「大東亜戦争」で、⑴中部太平洋・パラオ方面で4125人、⑵南太平洋・ニューギニア方面で9230人、⑶ビルマ・仏印方面で4755人、⑷比島・レイテ方面で6429人、⑸スマトラ・ミンダナオ方面で884人、⑹中国・朝鮮方面で7574人、⑺沖縄・台湾方面で1819人、⑻千島・樺太方面で917人、⑼北太平洋・小笠原方面で1188人、⑽日本本土・近海方面で5579人、⑾その他で2000人、合計「4万9960人」である。

これは、日本陸軍1000余聯隊の「高崎第15聯隊」だけである。

「大東亜戦争」と偽称した『第二次世界大戦』の「戦争犠牲者」は「厚生労働省資料」では軍人230万人、民間人80万人である。

徳川幕府265年間は無論のこと、これほど夥しい自国民を殺傷した権力者は「昭和天皇」以外にいない。

十一、巨大地主・巨大財閥・巨大富豪の天皇家

「明治天皇」は1901（明治34）年以後、国民の税金から「皇室費」として年「450万円」を私していた。1901年当時、米1俵（60キロ）5円36銭。「皇室費」で米が「84万俵」も買えたのである。現在の米価格1俵「1万5000円」で換算して「126億円」の莫大な金である。

巡査初任給（1897〈明治30〉年）9円〜（1906〈明治39〉年）12円、小学校教員初任給（1897〈明治30〉年）8円〜（1900〈明治33〉年）13円、銀行員初任給（1898〈明治31〉年）35円〜（1908〈明治41〉年）35円の時代である。一般勤労者の年俸は「500円」の時代であった（週刊朝日編集部『値段の明治・大正・昭和風俗史』）。

「昭和天皇」も巨大地主、巨大富豪でありながら、国民の税金からも莫大な金を私していた。「昭和天皇」は1940（昭和15）年末に、現金・有価証券（買入価格）で「3億

３６１５万９０００円」の蓄財があった。

１９４０（昭和15）年当時、米1俵は16円30銭であった。「3億３６１５万９０００円」で「２０６２万３２５２俵」の米が買えたのである。現在の米1俵60キロ「1万５０００円」で換算すると「３０９３億４９００万円」の途方も無い巨万の金である。

当時、日本庶民は郵便局に「５００円」の貯金があれば「金持ち」だったのである。我々家族の働き手が徴兵され、初年兵の「月給」は「6円」であった。「昭和天皇」は莫大な財産、現金と株「3億３６１５万９０００円」の財産を蓄えながら、更に自己の欲望を満たそうと戦争を拡大した。

「北朝鮮世襲金3代目」は北朝鮮国民は飢えに苦しんでいるのに、２０１２年3月の韓国報道では「核兵器・ミサイル開発に31億５０００万ドル（２６００億円）の国費を使い、今回失敗したミサイル発射費用は8億５０００万ドル（約７００億円）です。その金で北朝鮮全国民が『玉蜀黍粉』なら1年間食べられる」のである。

「昭和天皇」も同様である。戦艦「大和」の建造費は１９３７（昭和12）年3月の「艦政本部予算」では、「1億３７８０万２０００円」であった。当時、米1俵60キロが12円90銭。現在の米価1万５０００円に換算すると「１６０２億３４８８万円」である。「大和・武蔵」２隻で「３２０５億円」の巨額である。

十二、天皇は所得税も相続税も払わず医療費も無料

「徳川幕府制度」から「天皇制」に替わり、統治者が「徳川家」から「天皇家」に代わっても、繰り返す戦争費用を国民から酷税で絞り尽くし、庶民の暮らしは悪くなるばかりであった。

江戸時代までは、戦争は武士の役割であった。「天皇制度」になると農民・商人まで徴兵制度で戦争に駆り出され、「天皇」が宣戦した戦争で殺される世になってしまった。「昭和天皇」は中華民国に侵略戦争を開始し、米・英・蘭にも宣戦した。しかし、それらの戦争に自分の金は鐚一文使っていない。国民から搾り取った税金で賄ったのである。戦艦「大和」も「731石井部隊」も全て国民の税金で造らせたのだ。徴兵した新兵の給与「6円」も国民の税金で払っている。「明日は死ぬぞと決めた夜」第一線で兵士に下賜した「恩賜の煙草」も、自分の金は使わず国民の税金で作らせたのである。

国民の生活物資をことごとく配給制度で締め上げながら、「昭和天皇」は配給制度に関係ない豪奢な生活をし、日本国に税金を払ったことがなく、「世襲」の時に相続税も払っていない。日本国に納税しない「天皇」とは、何処の國の「人間」なのだろうか。医療費

も生活費も日本国民の税金を使っている。税金を取られる国民は、「天皇」発行の「赤紙」で一家の長まで兵隊に駆り出され、「徴兵拒否」すれば重営倉にぶち込まれ、家族子供まで「非国民」と虐められ、麦飯・水・塩だけの「一日正座」の懲罰を受けた。

十三、憲法の基本は「14条」、「9条」でない。1条から8条は廃止

1889（明治22）年制定の『大日本帝国憲法』は、「大日本帝国は万世一系の天皇が統治」し、軍隊は大元帥「天皇」の軍隊、議会は「天皇」の議会、警察・司法も「天皇」の権力下、宗教さえ現人神「天皇」が頂点、国民は「天皇」の臣民、ありとあらゆるものが「天皇」に隷属していた。

1947（昭和22）年5月、その『大日本帝国憲法』が『日本国憲法』に変わった。日本国民が『大日本帝国憲法』を否定し、新しい『日本国憲法』を創ったからではない。「天皇」が宣戦した連合国との戦争に負け「大日本帝国天皇」が「無条件降伏」し、戦勝した連合国軍が日本を占領。連合国軍最高指令官が「憲法草案作成」を指示したからであ

る。

次が『日本国憲法』変成の経緯である。

1946（昭和21）年

2月3日　連合国軍最高指令官マッカーサーが【憲法草案作成】を指示。

2月8日　国務大臣松本烝治憲法問題調査委員長が【憲法改正試案】を提出。

2月13日　連合国軍最高指令官マッカーサーは【松本憲法改正試案】を拒否し、【マッカーサー草案】を手交する。

2月22日　日本政府閣議は【マッカーサー草案】受け入れを決定する。

2月26日　松本国務大臣が【マッカーサー草案】を基に【憲法改正草案】作成を開始する。

3月2日　【憲法改正草案】が完成。

3月4日　午前、連合国軍最高指令官マッカーサーに【憲法改正草案】を提出する。

3月5日　夕刻、連合国軍最高指令官総司令部は【憲法改正草案】作成を終了する。

3月5日　日本政府閣議はこの【憲法改正草案】に従うことに決定。天皇に奏上する。

3月6日　日本政府は【憲法改正草案要綱】を発表。連合国軍最高指令官マッカーサーが承認する。

4月10日　敗戦後初の総選挙。自由141、進歩94、社会93、協同14、共産5、諸派38が選出された。国会で「憲法」の論議はされていない。

6月2日　日・独・伊三国同盟の敗戦国イタリアで国民投票が行われ、イタリア「王制廃止」。

6月10日　イタリア国民「共和国宣言」をする。

11月3日　(新)『日本国憲法』が「公布」される。

この間、日本国民は何も知らされていない。(旧)『大日本帝国憲法』は抹消されたのではない。(新)『日本国憲法』は、(旧)『大日本帝国憲法』【第73条】を基に「天皇が『帝国憲法』の改正を裁可し公布した」のである。1889(明治22)年制定『大日本帝国憲法』【第73条】には「将来此の憲法の条項を改正するの必要あるときは勅命を以て議案を帝国議会の議に付すへし」により、(新)『日本国憲法』は「公布」されたのである。イタリアのように、国民投票で憲法が制定されたのではない。

(新)『日本国憲法』の**【上諭】**には、「**朕は、日本国民の総意に基いて、**新日本建設の礎が、定まるに至ったことを、深くよろこび、**枢密顧問の諮詢及び帝国憲法第七十三条によ**

る帝国議会の議決を経た帝国憲法の改正を裁可し、ここにこれを公布せしめる。御名御璽」と、「昭和天皇」が御名御璽したのである。

しかし、(新)『日本国憲法』は、連合国軍最高指令官マッカーサーが承認したのである。『日本国憲法』**【前文】**には、「**日本国民は、正当に選挙された国会における代表者を通じて行動し、**われらとわれらの子孫のために、**諸国民との協和による成果と、わが国全土にわたって自由のもたらす恵沢を確保し、**政府の行為によって再び惨禍が起ることのないようにすることを決意し、**ここに主権が国民に存することを宣言し、この憲法を確定する。**そもそも**国政**は、国民の厳粛な信託によるものであって、その権威は**国民に由来し、**その**権力は国民の代表者がこれを行使し、その福利は国民がこれを享受する。**これは人類普遍の原理であり、この憲法は、かかる原理に基くものである。われらは、**これに反する一切の憲法、法令及び詔勅を排除する。**」と、明記されている。

(新)『日本国憲法』には、「昭和天皇」が御名御璽した**【上諭】**「朕は、日本国民の総意に基いて……」と、連合国軍最高指令官マッカーサーが承認した**【前文】**「日本国民は、正当に選挙された国会における代表者を通じて行動し……」と、**【上諭】**・**【前文】**が別々にある。

それぞれの文意が全く異なる。(新)『日本国憲法』**【上諭】**に「朕は、日本国民の総意に基いて」とあるが、嘘出鱈目である。（新）『日本国憲法』【前文】こそが、敗戦後の日本国民が新しい日本共和国創立を願った文言である。

東西冷戦最中の「極東国際軍事裁判」は東條英機ら7人に「戦争犯罪人」として絞首刑を執行したが、「昭和天皇」はアメリカの対日政策によりキーナン検事に「戦争犯罪人」の訴追を免れさせたのである。それによって、「天皇制」は「世襲存続」した。『日本国憲法』は「大日本帝国憲法」第73条の条文を基に、連合国軍最高指令官マッカーサーが承認し、「昭和天皇」の御名御璽で公布された。その『日本国憲法』成立経緯により、日本国民は「大日本帝国憲法」の臣民から、『日本国憲法』の国民へ思想変革していない。また、「大日本帝国憲法」で恩恵を施されていた者達は、非常に短い期間のうちに「王政復古」を叫び「天皇制」の起源「紀元節」を復元した。

憲法改定論議で『日本国憲法』第9条守護派がいるが、幾多の先達達が「徳川幕府」崩壊後、命懸けで日本の未来を託そうとしたのは、憲法【第14条】「すべて国民は、法の下に平等であって、人種、信条、性別、社会的身分又は門地により、政治的、経済的又は社会的関係において、差別されない。」である。

（新）『日本国憲法』「第1条」から「第8条」の条文は「法の下に平等でありたくない者」によって羅列されたのである。

「大日本帝国憲法」を抹消できなかった日本国民は、【第9条】「日本国民は、正義と秩序を基調とする国際平和を誠実に希求し、国権の発動たる戦争と、武力による威嚇又は武力の行使は、国際紛争を解決する手段としては、永久にこれを放棄する。②前項の目的を達するため、陸海空軍その他の戦力は、これを保持しない。国の交戦権は、これを認めない。」と、明記されながら、酷税で強大な陸海空軍力を保持させられ、万世一系「天皇制」を世襲させられている。それは何故なのか？

日本人は頭を傾げるだけで、それを変えようとしない。

十四、「世襲天皇一家」に日本国統治の論拠はない

世襲「天皇」家に日本国統治の正当な根拠はない。日本「神道」に「明確な教義や教典が無い」のと同様である。現在の「天皇制」は「徳川幕府崩壊」期に岩倉具視らに捏造されたものである。「天皇」は「万世一系」といわれているが、「明治・大正・昭和」3代と同じ「天皇制度」は、「神武」から「孝明」までの「天皇」時代にはない。

２千数百年前、「天照大御神」の６代目の子孫として生誕した「皇祖皇宗」神武天皇が「万世一系」の起源であれば、我々庶民は「アマテラス」より遥か昔の「４００万年前」、人類発生以来の生命を受け継ぎ今日に生きているのである。庶民でも天皇でも生命に貴賤尊卑の違いなどないのである。

アマテラスは「お伽噺」としても、国定教科書の日本国歴史で「神武天皇」は神から人間に変身している。51歳で即位し１２６歳まで生き、後継の「綏靖天皇」が生まれている。何時から「神」の子から「人類」に変化したのだろう。その摩訶不思議を解明するのが科学である。

「神武天皇」が我々人間と同じ人類であれば、「皇祖皇宗」である「天皇」の先祖は、我々平凡人の先祖より、ほんの数千年前に発祥したばかりなのである。

「天皇」は「神武天皇」以後「万世一系」ではない。市販の「皇室系図」で見ると百数十歳と長命の「天皇」が「仁徳天皇」まで継承する。当時の人間がこぞって１００歳の長命なのは虚構である。また、古代諸民族権力者と同様、「天皇族」も血統は入り乱れ「万世一系」などあり得ない。今、生を受けている平凡人の命こそ、辿れば「４００万年前」人類発生以来連綿として生きている。命として世界のどの人とも、天皇とも変わりない。

民主的人間社会に政治権力、地位身分の「世襲」などあってはならない。戦争や殺戮行為で獲得した権力であることを誑かすために、世襲権力者は「頭脳明晰者・慈悲者・神格者」を装うが、「天皇」も「王位者」も「法王」も人間である。神仏の力を持つ者ではない。『日本国憲法』の如く人間を国の「象徴」などと特殊扱いするのは、宗教徒集団の国ではないから廃止すべきだ。【第14条】**「すべて国民は、法の下に平等であって、人種、信条、性別、社会的身分又は門地により、政治的、経済的又は社会的関係において、差別されない。②華族その他の貴族の制度は、これを認めない。」**の明記を厳守し、日本国民は誰しも人間であり平等である。

権力者が人民に建造させた建造物や収奪した文物を観て、権力者は人類文化の発展と継承に寄与したと誤解する人もいるが、権力者こそ人民が造り上げた万物の破壊者であった。田を耕さず物を生産せず科学せず唯浪費する。権力者が地球上に１００人居住していても、自身の食料さえ賄えず、人類の進歩に役立たず、権力紛争の殺戮を繰り返すだけ。豊かな自然を守り平和な人類文化を築けない。

十五、憲法を改正し「世襲天皇制」を廃止すべき

現今の時代に生きる者は、太平洋戦争と福島原発事故で後世に大汚点を残してしまった。その上、更に汚点だらけの『日本国憲法』をこのまま次世代に継ぐことをしてはならない。「憲法改正」は国民の３分の２の賛同が必要であり、その為の公正な議論が何者からも邪魔されず、街頭や学園でも自由になされなければならない。それは日本国民の権利であり義務である。しかし、国会議員選挙でさえ選挙制度が改悪され、国民が「憲法改正」を公平に行える状況にない。

「憲法改正」のまだ長い道程を考えると、⑴「皇族」は廃止し、皇族であった者と家族は、国民と同じく扶持に頼らず自身で生活し、収入から税金を納めること、⑵歴代天皇がそうであったように、能力に応じて天皇位に就かせること、⑶「天皇」は日本国の「象徴」でなくすこと、その段階を経て「日本民主共和国」憲法制定への移行が考えられる。また、侵略戦争を再び起こさない世界にする為に、何故『明治・大正・昭和』３代の「天皇制」下に、隣国に侵攻し他國の人々を殺したのか、日本人の病根を明らかにし、世界の人々に罪を詫びなければならない。

おわりに

日本人全てに読んで頂きたい遺書がある。日本戦没学生記念会編『きけ　わだつみのこえ』（岩波書店）記載の陸軍特別攻撃隊員上原良司氏（慶應義塾大学経済学部・22歳）が1945（昭和20）年5月11日、神風特攻隊として出撃前夜に書き残した遺書である。

所感

栄光ある祖国日本の代表的攻撃隊ともいうべき陸軍特別攻撃隊に選ばれ、身の光栄これに過ぐるもののなきを痛感致しております。思えば長き学生時代を通じて得た、信念とも申すべき理論万能の道理から考えた場合、これはあるいは、自由主義者といわれるかもしれませんが、自由の勝利は明白な事だと思います。人間の本性たる自由を滅す事は絶対に出来なく、例えそれが抑えられているごとく見えても、底においては常に闘いつつ最後には必ず勝つという事は、彼のイタリヤのクローチェ〔イタリアの哲学者。一八六六―一九五二〕も言っているごとく真理であると思います。権力主義全体主義の国家は一時的に隆盛であろうとも、必ずや最後には敗れる事は明白な事実です。我々はその真理を、今次世界大戦の枢軸国家〔日本・ドイツ・イタリア三国同盟の諸国〕において見る事が出来ると思います。ファシズムのイタリヤは如何、ナチズムのドイツまた、既に敗れ、今や権力主義国家は、土台石の壊れた建築物のごとく、次から次へと滅亡しつつあります。真理の普遍さは今、現実によって証明されつつ、過去において歴史が示したごとく、未来永久に自由の偉大さを証明して行くと思われます。自己の信念の正しかった事、この事はあるいは祖国にとって恐るべき事であるかも知れませんが吾人にとっては嬉しい限りです。現在のいかなる闘争もその根底を為すものは必ず思想なりと思う次第です。既に思想によって、その闘争の結果を明白に見る事が出来ると信じます。

愛する祖国日本をして、かつての大英帝国のごとき大帝国たらしめんとする私の野望は遂に空しくなりました。真に日本を愛する者をして立たしめたなら、日本は現在のごとき状態にはあるいは追い込まれなかったと思います。世界どこにおいても肩で風を切って歩く日本人、これが私の夢見た理想でした。

空の特攻隊のパイロットは一器械に過ぎぬと一友人が言った事は確かです。操縦桿を採る器械、人格もなく感情もなく、もちろん理性もなく、ただ敵の航空母艦に向って吸いつく磁石の中の鉄の一分子に過ぎぬのです。理性をもって考えたなら実に考えられぬ事で、強いて考うれば、彼らが言うごとく自殺者とでも言いましょうか。精神の国、日本においてのみ見られる事だと思います。一器械である吾人は何も言う権利もありませんが、ただ願わくば愛する日本を偉大ならしめられん事を、国民の方々にお願いするのみです。

こんな精神状態で征ったなら、もちろん死んでも何にもならないかも知れません。故に最初に述べたごとく、特別攻撃隊に選ばれた事を光栄に思っている次第です。

飛行機に乗れば器械に過ぎぬのですけれど、いったん下りればやはり人間ですから、そこには感情もあり、熱情も動きます。愛する恋人に死なれた時、自分も一緒に精神的には死んでおりました。天国に待ちある人、天国において彼女と会えると思うと、死は天国に行く途中でしかありませんから何でもありません。明日は出撃です。過激にわたり、もちろん発表すべき事ではありませんでしたが、偽わらぬ心境は以上述べたごとくです。何も系統だてず思ったままを雑然と並べた事を許して下さい。明日は自由主義者が一人この世から去って行きます。彼の後姿は淋しいですが、心中満足で一杯です。言いたい事を言いたいだけ言いました。無礼を御許し下さい。ではこの辺で。

出撃の前夜記す

さとう　ただし

1932（昭和７）年２月、東京杉並区天沼商店町の材木商長男に生まれ、B29空爆下も疎開せず食えず食わず生き延びる。13歳、両親と死別。18歳、慶應義塾大学病院に診療放射線技師として就労。20歳、劇作家北條秀司先生門下「舞台社」に入門。32歳、慶應義塾労働組合病院支部委員長として『看護婦増員夜勤制限』闘争を指導。続き慶應義塾労組執行委員長を担当。34歳、第１回勤労者訪中友好参観団団長として訪中。60歳、『戯曲春秋』誌主幹となり24号発刊し同人戯曲110作品を発表。代表戯曲作は「ゾルゲ事件」尾崎秀実と宮城与徳を主題にした『祖国大日本帝国に反逆する』(四幕六場)。

祖国大日本帝国に反逆する

2018年８月21日　初版第１刷発行

著　者　さとう ただし
発行者　中 田 典 昭
発行所　東京図書出版
発売元　株式会社 リフレ出版
〒113-0021　東京都文京区本駒込 3-10-4
電話 (03)3823-9171　FAX 0120-41-8080
印　刷　株式会社 ブレイン

ISBN978-4-86641-173-6 C0095
Printed in Japan 2018

ご意見、ご感想をお寄せ下さい。

［宛先］〒113-0021　東京都文京区本駒込 3-10-4
東京図書出版